HERMANN THEISS

Das Nothaushaltsrecht des Bundes

Schriften zum Öffentlichen Recht

Band 272

Das Nothaushaltsrecht des Bundes

Von

Dr. Hermann Theiß

DUNCKER & HUMBLOT / BERLIN

Alle Rechte vorbehalten
© 1975 Duncker & Humblot, Berlin 41
Gedruckt 1975 bei Buchdruckerei A. Sayffaerth - E. L. Krohn, Berlin 61
Printed in Germany
ISBN 3 428 03431 7

Inhaltsverzeichnis

§ 1: *Einleitung* 11
   1. Der Grundsatz der Vorherigkeit des Haushaltsgesetzes und seine Durchbrechung 11
   2. Die verfassungspolitische Ausgangslage 12
   3. Die Situation im Jahre 1972 14
   4. Der Gegenstand der Untersuchung 15

1. Abschnitt

Abriß der historischen Entwicklung des Nothaushaltsrechts   16

§ 2: *Der preußische Budgetkonflikt 1862—1866* 17
   1. Der Gegenstand des Konflikts 17
   2. Die Grundlinien der Konfliktlage 18
   3. Der Verlauf des Konflikts 19
   4. Die Beendigung des Konflikts 21
   5. Die Haltung Bismarcks 22

§ 3: *Lösungsversuche zur Zeit der Reichsverfassung von 1871* 24
   1. Die Rolle der Nothaushaltsfragen 24
   2. Die Verweisung aus dem Bereich des Rechts 26
   3. Rechtliche „Lösungen" 27
      a) Laband 27
      b) Jellinek und von Rönne 30
      c) Haenel und Zorn 31
   4. Zusammenfassung 33

§ 4: *Nothaushaltsregeln zur Zeit der Weimarer Reichsverfassung* 34
   1. Die Übernahme bisheriger Lehren 34
   2. Eigenständige Budgettheorien 35
      a) Hatschek 35
      b) Heckel 35
   3. Hauptfragen des Nothaushaltsrechts 36
      a) Die sog. Nothaushaltsgesetze 36
      b) Die Feststellung des Haushaltsplanes durch eine Notverordnung des Reichspräsidenten 38

4. Nothaushaltsregeln in den Landesverfassungen 39
5. Die Situation im „Dritten Reich" 40

§ 5: *Die Entstehung des Art. 111 GG* 41
    1. Der X. Abschnitt des Grundgesetzes 41
    2. Art. 111 GG 42

§ 6: *Überblick: Nothaushaltsregeln in den Landesverfassungen* 43

2. Abschnitt

Sachliche Grenzen der Ermächtigung zur vorläufigen Haushaltsführung   44

§ 7: *Die verfassungspolitischen Ziele des Art. 111 GG* 45

§ 8: *Die Ausgabenermächtigung des Art. 111 I GG* 46
    1. Überblick 46
    2. Art. 111 I a GG, Art. 111 I b GG und das Verhältnis zwischen beiden Bestimmungen 47
    3. Erweiterung des Anwendungsbereiches von Art. 111 I b GG durch Art. 109 II GG? 49
        a) Ausgangslage 49
        b) Art. 109 II GG und seine Konkretisierung im StabilitätsG ... 49
        c) Fragestellung 51
        d) Haltung der Bundesregierung 1972 51
        e) Stellungnahme 51
        f) Ausblick 54
    4. Art. 111 I c GG 55

§ 9: *Einnahmen im Nothaushalt und Art. 111 II GG* 57
    1. Die Bedeutung der Fristüberschreitung für die staatlichen Einnahmen 57
    2. Die Funktion des Art. 111 II GG 58
    3. Die Kreditermächtigung des Art. 111 II GG 59
        a) Die Grenzen der Kreditermächtigung 60
        b) Die erste Grenze 60
        c) Die zweite Grenze 60
    4. Schlußbemerkung 61

§ 10: *Verwaltungsvorschriften gemäß § 5 BHO zum Vollzug des Art. 111 GG* 62
    1. Die Rechtsgrundlage 62
    2. Die Verwaltungspraxis 62

3. Abschnitt

Zeitliche Grenzen der Ermächtigung zur vorläufigen Haushaltsführung — 64

§ 11: *Die sich unmittelbar aus Art. 111 GG ergebende Begrenzung* 64

§ 12: *Sonstige zeitliche Grenzen der Ermächtigung?* 65
    1. Erste kritische Ansätze in der Literatur 65
    2. Die von Maunz vertretene Auffassung 66
    3. Die überwiegend vertretene Auffassung 67
    4. Stellungnahme 68

§ 13: *„Budget-(bewilligungs-)pflicht" des Parlaments?* 69

4. Abschnitt

Rechtliche Möglichkeiten des Parlamentes, die Zeit der Haushaltsführung aufgrund Art. 111 GG zu beenden — 72

§ 14: *Die „Budgetinitiative"* 73
    1. Die einhellige Auffassung der Literatur 73
    2. Keine entgegenstehende Entscheidung des Bundesverfassungsgerichts 73
    3. Die Bedeutung des Art. 110 III GG 74
    4. Das faktische Initiativmonopol der Bundesregierung 74

§ 15: *Die sog. Gesetze über die vorläufige Haushaltsführung* 75
    1. Die Gesetze vom 23. Juni 1950 und vom 24. April 1951 76
    2. Die Zulässigkeit derartiger Gesetze nach der Verfassungsrechtslehre 77
        a) Die überwiegende Auffassung 77
        b) Die Auffassung Karldieter Schmidts 78
    3. Die Grenzen der Rechtswirkungen vorläufiger Haushaltsführungsgesetze 79
    4. Die Verfassungsmäßigkeit der Gesetze vom 23. Juni 1950 und vom 24. April 1951 80
    5. Ergebnis 81

5. Abschnitt

Rechtliche Möglichkeiten der Bundesregierung, die Schranken der Ausgabentätigkeit aus Art. 111 I GG ohne Mitwirkung des Bundestages zu erweitern — 82

§ 16: *Die Feststellung des Haushaltsplanes nach Art. 81 GG* 82
    1. Das Verhältnis zwischen Art. 110 II GG und Art. 81 GG im Spiegel der Verfassungsrechtslehre 84

  a) These: Der Haushaltsplan kann nicht nach Art. 81 GG festgestellt werden 84
  b) Gegenthese: Der Haushaltsplan kann auch durch ein nach Art. 81 GG zustande gekommenes Gesetz festgestellt werden 85
 2. Die eigene Auffassung 86
 3. Ergebnis 88

§ 17: *Die Frage der Anwendbarkeit des Art. 112 GG während der vorläufigen Haushaltsführung* 88
 1. Die Entstehung des Art. 112 GG 89
 2. Art. 112 GG in der Verfassungsrechtslehre und in der Verfassungswirklichkeit 90
 3. Der Streitstand in der Literatur 92
  a) Die Haltung von Maunz 92
  b) Die überwiegende Auffassung 92
  c) Die Auffassung Sasses 93
 4. Die eigene Auffassung 94
 5. Der Anwendungsbereich 95
 6. Ergebnis 96

6. Abschnitt

Thesen 97

Anhang 99

Literaturverzeichnis 101

Abkürzungsverzeichnis

a. E.	=	am Ende
a. F.	=	alte Fassung
AöR	=	Archiv des öffentlichen Rechts
aRVerf	=	alte Reichsverfassung
BGBl.	=	Bundesgesetzblatt
BHO	=	Bundeshaushaltsordnung
Bulletin	=	Bulletin des Presse- und Informationsamtes der Bundesregierung
BVerfG	=	Bundesverfassungsgericht
DIN	=	Deutsche Industrienorm
DM	=	Deutsche Mark
DÖH	=	Der öffentliche Haushalt
DÖV	=	Die öffentliche Verwaltung
DVBl.	=	Deutsches Verwaltungsblatt
E	=	Entscheidung(en)
FAZ	=	FRANKFURTER ALLGEMEINE Zeitung für Deutschland
GG	=	Grundgesetz
GS	=	Gesetz-Sammlung für die Königlich Preußischen Staaten (Ab 1907: Preußische Gesetzsammlung) (1810—1945)
HdbDStR	=	Handbuch des Deutschen Staatsrechts, hrsg. v. *Gerhard Anschütz* u. *Richard Thoma*
HdbFW	=	Handbuch der Finanzwissenschaft
HGrG	=	Haushaltsgrundsätzegesetz
Institut FSt.	=	Institut „Finanzen und Steuern", Bonn
i. S. d.	=	im Sinne des
i. V. m.	=	in Verbindung mit
JbÖffR	=	Jahrbuch des öffentlichen Rechts der Gegenwart
JuS	=	Juristische Schulung
JZ	=	Juristenzeitung
MDH	=	*Maunz/Dürig/Herzog*
m. E.	=	meines Erachtens
n. F.	=	neue Fassung
NF	=	neue Folge
NJW	=	Neue Juristische Wochenschrift
NRW	=	Nordrhein-Westfalen

RGBl.	=	Reichsgesetzblatt
RHO	=	Reichshaushaltsordnung
RuPrVBl.	=	Reichsverwaltungsblatt und Preußisches Verwaltungsblatt
SBK	=	*Schmidt-Bleibtreu/Klein*
SBZ	=	Saarbrücker Zeitung
Staat	=	Der Staat. Zeitschrift für Staatslehre, Öffentliches Recht und Verfassungsgeschichte
StabilitätsG	=	Gesetz zur Förderung der Stabilität und des Wachstums der Wirtschaft
SZ	=	Süddeutsche Zeitung
VerfGH	=	Verfassungsgerichtshof
VVDStRL	=	Veröffentlichungen der Vereinigung der Deutschen Staatsrechtslehrer
wib	=	woche im bundestag, hrsg. v. Presse- und Informationszentrum des Deutschen Bundestages
WRV	=	Weimarer Reichsverfassung
ZStW	=	Zeitschrift für die gesamte Staatswissenschaft

§ 1

Einleitung

1. Der Grundsatz der Vorherigkeit des Haushaltsgesetzes und seine Durchbrechung

„*Der Haushaltsplan wird* für ein oder mehrere Rechnungsjahre, nach Jahren getrennt, *vor Beginn des* ersten *Rechnungsjahres durch das Haushaltsgesetz festgestellt*" — mit diesen Worten positiviert das Grundgesetz dem Beispiel der meisten Staatsverfassungen folgend[1] in Art. 110 II 1 den Grundsatz der Vorherigkeit des Haushaltsgesetzes, eines der wichtigsten[2] und an erster Stelle der „klassischen" Haushaltsgrundsätze zu nennenden[3] Prinzipien des Haushaltswesens überhaupt, und gibt ihm dadurch ausdrücklichen Verfassungsrang.

Die Bedeutung dieses Grundsatzes findet bei *Vialon* eine treffende Umschreibung: „Ohne Rechtzeitigkeit (d. h. Vorherigkeit) keine ausreichende Kontrolle, keine umfassende Verantwortung des Parlaments, keine genügend übersichtliche Präsentation, keine Einheitlichkeit der Vergleiche, keine ausführliche Diskussion in der Öffentlichkeit, keine Ordnung im Finanzwesen von oben nach unten[4]."

Eine derart hervorgehobene Stellung des Vorherigkeitsgrundsatzes sollte Anlaß genug sein, seiner Einhaltung besonderen Wert beizumessen. Dennoch hat kein anderer Haushaltsgrundsatz in der bisherigen Haushaltspraxis des Bundes eine gleichermaßen konsequente Mißachtung erfahren: Der Bundeshaushaltsplan wurde *noch nie* (!!) rechtzeitig, also vor Beginn des Rechnungsjahres, festgestellt, wie die folgende Übersicht zeigt[5]:

---

[1] *Neumark* in: HdbFW, Bd. 1, S. 585.
[2] *Vialon* S. 96.
[3] *Piduch* Art. 110 GG, Anm. 18.
[4] *Vialon* S. 96; ähnlich: *Piduch* Art. 110 GG, Anm. 18.
[5] Für das Ausmaß der jeweiligen Fristüberschreitung ist zu berücksichtigen, daß das Rechnungsjahr bis 1960 vom 1. 4. — 31. 3. des folgenden Jahres dauerte, im Übergangsjahr 1960 vom 1. 4. — 31. 12. und ab 1961 vom 1. 1. — 31. 12.

Haushaltsplan für das Rechnungsjahr	Festgestellt durch Gesetz[a] vom
1949	7. 6. 50
1950	29. 6. 51
1951	7. 12. 51
1952	25. 6. 52
1953	24. 7. 53
1954	26. 5. 54
1955	12. 7. 55
1956	24. 7. 56
1957	26. 7. 57
1958	24. 7. 58
1959	6. 7. 59
1960	2. 6. 60
1961	10. 4. 61
1962	23. 5. 62
1963	24. 6. 63
1964	13. 5. 64
1965	18. 3. 65
1966	22. 6. 66
1967	4. 7. 67
1968	3. 5. 68
1969	18. 4. 69
1970	27. 6. 70
1971	3. 3. 71
1972	21. 12. 72
1973	6. 7. 73
1974	31. 5. 74

a) Das Bundeshaushaltsgesetz ist ab 1951 im BGBl. II, ab 1970 im BGBl. I veröffentlicht.

Ein Blick auf die letzten fünf in der Tabelle erfaßten Jahre zeigt, daß auch der durch die Haushaltsreform 1969 zur Beschleunigung des Haushaltsgesetzgebungsverfahrens neu eingeführte Absatz 3 des Art. 110 GG ebensowenig wie die zur Verfahrensbeschleunigung bei der Aufstellung des Entwurfs des Haushaltsplans fristsetzenden Vorschriften der Bundeshaushaltsordnung — insbesondere § 30 BHO („Vorlagefrist") — auch nur eine Tendenzwende herbeiführen konnte.

2. Die verfassungspolitische Ausgangslage

Von wenigen Bemerkungen *Piduchs*[6] abgesehen fehlt es an einer Analyse der Gründe, die zu der vorgefundenen Entwicklung geführt

[6] *Piduch* Art. 110 GG, Anm. 18.

§ 1: Einleitung

haben, ebenso, wie es in der bisherigen haushaltspolitischen und haushaltsrechtlichen Diskussion an einer eingehenderen Erörterung der Rechtsfragen der Fristüberschreitung für die Haushaltsführung mangelt.

Wenn auch im Rahmen der vorliegenden Untersuchung Gründe für die Verzögerung des Haushaltsgesetzesbeschlusses nur insoweit erörtert werden können, als sie von Bedeutung für die Rechtsfolgen in bezug auf die vorläufige Haushaltsführung sind, so wäre doch eine weiterführende Analyse angesichts des strikten Gebotes des Art. 110 II GG wünschenswert und wohl auch verfassungspolitisch erstrebenswert. Denn die nicht vorzeitige Beschlußfassung über die Haushaltsgesetzesvorlage mindert wie kein anderes Faktum den Einfluß des Parlamentes auf das Haushaltsgebaren der Regierung. Eine entsprechende Analyse kann jedenfalls nicht durch den bloßen Hinweis auf den mit der Überschreitung der in Art. 110 II GG gesetzten Frist „rechnenden" Art. 111 GG ersetzt werden[7]. Ihr Fehlen ist aber möglicherweise Ausdruck der Erkenntnis, daß das Haushaltsbewilligungsrecht des Bundestages heute wohl nicht mehr eines der bedeutendsten[8] oder gar das wichtigste[9] der parlamentarischen Rechte ist. Die ehemals hervorragende Stellung des parlamentarischen Haushaltsbewilligungsrechtes mußte spätestens mit der Einführung der weitestgehenden Abhängigkeit der Regierung von der Parlamentsmehrheit, die sich in der Wahl (und „Abwahl") des Regierungschefs durch das Parlament dokumentiert, entscheidende Einbußen hinnehmen. Nicht zuletzt hat auch die Komplexität moderner Haushaltspläne mit ihren trotz steigender Gesamtsummen immer geringer werdenden Manövriersummen wesentlich zu einem immer deutlicher werdenden Wandel der Haushaltsfunktionen von Legislative und Exekutive beigetragen[10].

Parlamentarische Etatdebatten, einst Sternstunden der Parlamente, sind heute längst keine Auseinandersetzung zwischen Regierung und *dem* Parlament mehr; sie erschöpfen sich in Debatten zwischen Regierung und Regierungs(koalitions-)fraktionen auf der einen Seite und der Opposition auf der anderen Seite[11]. Selbst diese Debatten haben angesichts der Tatsache, daß die meisten und größten Posten des Haushalts festliegen, an Schärfe verloren, es sei denn, die Diskussion wird von den einzelnen Ansätzen des Entwurfs als bloße Anknüpfungspunkte weg zu allgemeinpolitischen Fragen geführt. Wenn bei der Ver-

---

[7] So aber: *Maunz* in: MDH, Art. 111, Rdn. 1.
[8] *Maunz* FAZ Nr. 212 vom 13. 9. 1972, S. 2.
[9] *Vialon* S. 201 (Art. 110 GG, Anm. 7).
[10] Vgl. *Lichterfeld* S. 174 ff.
[11] Zur Ersetzung des traditionellen Dualismus zwischen Parlament und Regierung durch den Gegensatz zwischen Opposition und Regierung im parlamentarischen System vgl. *Gehrig* S. 87 ff. und S. 94 f.

abschiedung des Bundeshaushaltsgesetzes 1973 ein Sprecher der Regierungsparteien, ohne auf allzu großen Widerspruch zu stoßen, die Vermutung äußern konnte, der Etat würde kaum wesentlich anders aussehen, hätte ihn die Opposition vorgelegt, so wirft das ein bezeichnendes Bild auf die heutige Situation[12]. Jedenfalls bedurfte es angesichts der geringen Beachtung, die das Haushaltsrecht auch und gerade in der verfassungsrechtlichen Literatur genießt, erst des Schlaglichtes einer für das Verfassungsleben der Bundesrepublik Deutschland außergewöhnlichen politischen Konstellation, die uns das nicht nur durch den erstmaligen Versuch eines konstruktiven Mißtrauensvotums nach Art. 67 GG zum verfassungsrechtlichen Lehrjahr gewordene Jahr 1972 beschert hat, um ausgehend von der speziellen Situation in diesem Jahr den Blick der interessierten Öffentlichkeit auf das alljährliche, mehr oder weniger lange Wirtschaften der Bundesregierung ohne Haushaltsplan zu lenken.

3. Die Situation im Jahre 1972

Die Ereignisse im 6. Deutschen Bundestag am 27. und 28. April 1972 offenbarten, daß sich erstmals in der Geschichte der Bundesrepublik Deutschland die Fraktionen der Regierungsparteien und die Oppositionsfraktion in zahlenmäßig gleicher Stärke gegenüberstanden.

So scheiterte zwar am 27. April 1972 ein Mißtrauensantrag der Opposition nach Art. 67 GG, weil er statt der erforderlichen absoluten Mehrheit von 249 Stimmen nur 247 Ja-Stimmen erhielt[13].

Dafür ergab sich aber bei der zweiten Lesung des am 19. Oktober 1971 beim 6. Deutschen Bundestag eingebrachten Entwurfes eines Gesetzes über die Feststellung des Bundeshaushaltsplans für das Haushaltsjahr 1972 (Haushaltsgesetz 1972) die Schwierigkeit, daß zwar am 26. April 1972 der Bundestag die Einzelpläne für das Bundespräsidialamt, den Bundestag und den Bundesrat (Einzelpläne 01, 02 und 03) einstimmig verabschiedete, der Einzelplan des Bundeskanzlers (Einzelplan 04) aber am 28. April 1972 nach namentlicher Abstimmung mit 247 Stimmen für und 247 gegen den Etat und einer Enthaltung der vollstimmberechtigten Mitglieder des Bundestages abgelehnt wurde[14]. Nach der Abstimmung über den Einzelplan 04 wurde die zweite Lesung des Haushaltsgesetzes 1972 unterbrochen und am 7. Juni 1972 anläßlich der Fortsetzung der zweiten und dritten Beratung eine erneute Behandlung des Entwurfes im Haushaltsausschuß beschlossen[15].

---
[12] *Kessler* SBZ Nr. 142 vom 21./22. 6. 1973, S. 2.
[13] Verhandlungen des Deutschen Bundestages, Stenographische Berichte, 6. Wahlperiode, Bd. 79, S. 10714.
[14] Verhandlungen des Deutschen Bundestages, Stenographische Berichte, 6. Wahlperiode, Bd. 79, S. 10787; vgl. auch: wib 2/8/72 — IV/28.

§ 1: Einleitung   15

Erst nach der auf die negativ beantwortete Vertrauensfrage des Bundeskanzlers und die Auflösung des 6. Bundestages erfolgten Bundestagswahl vom 19. November 1972 wurde das Haushaltsgesetz 1972 am 21. Dezember 1972 vom 7. Deutschen Bundestag beschlossen und am 29. Dezember 1972 verkündet[16].

Insgesamt gesehen lag also 1972 nur bis zum 28. April der „Normalfall" der bloßen *Etatverzögerung* vor, d. h. bis zu diesem Zeitpunkt hatte die Verspätung der Haushaltsfeststellung ihre Ursache jedenfalls nicht in offenen Meinungsverschiedenheiten zwischen Regierung und Parlament. Zwischen dem 28. April 1972 und der vorgezogenen Bundestagswahl im Spätherbst des Jahres 1972 hingegen mußte man von einem *Etatkonflikt* sprechen, da die Situation, daß der Haushalt nach Ablehnung eines politisch bedeutsamen Einzelplans insgesamt nicht weiterberaten wird, kaum anders zu beurteilen ist als eine *Etatverweigerung*, d. h. die Ablehnung eines von der Regierung eingebrachten Etatentwurfes durch das Parlament.

4. Der Gegenstand der Untersuchung

Lage und Problematik der Haushaltswirtschaft des Bundes im Spätsommer 1972 gaben auch den Anstoß zu der vorliegenden Arbeit, deren Ziel es ist, die Möglichkeiten und Grenzen der Haushaltsführung der Bundesregierung in Zeiten ohne gesetzlich festgestellten Haushaltsplan zu untersuchen.

Im Mittelpunkt des Versuches, einige der Probleme zu klären, die eine verspätete gesetzliche Feststellung des Bundeshaushaltsplanes aufwirft, steht die Erörterung der sich unmittelbar aus Art. 111 GG ergebenden Fragen nach den Grenzen der Befugnisse zur vorläufigen Haushaltsführung in sachlicher und zeitlicher Sicht. Daneben haben sich gerade im Jahre 1972 einerseits die Frage nach den rechtlichen Möglichkeiten des Parlaments, die Zeit der vorläufigen Haushaltsführung aufgrund des Art. 111 GG zu beenden, andererseits die Frage nach den rechtlichen Möglichkeiten der Bundesregierung, die Schranken des Art. 111 GG ohne Mitwirkung des Bundestages zu beseitigen oder zu erweitern, in den Vordergrund gedrängt. Auch diese beiden Komplexe sollen mit dem Ziele einer Klärung dargestellt und untersucht werden.

---

[15] Verhandlungen des Deutschen Bundestages, Stenographische Berichte, 6. Wahlperiode, Bd. 80, S. 11064; vgl. auch: wib 2/10/72 — IV/30.
[16] BGBl. I S. 2537.

1. Abschnitt

Abriß der historischen Entwicklung des Nothaushaltsrechts

In wenigen Gebieten der deutschen Staatsrechtswissenschaft lebt die heutige Diskussion so sehr von Rückgriffen auf die historische Entwicklung wie im Bereich des Haushaltsrechts. Keine anderen verfassungsrechtlichen Theorien haben so unangefochten und scheinbar unanfechtbar die verschiedenartigsten Verfassungssysteme überdauert, wie es den Budgettheorien des spätkonstitutionellen Systems beschieden war.

Dabei sollte die These, unser Haushaltswesen sei die unveränderte Fortschreibung des Budgetrechts der konstitutionellen Monarchie[1], um so mehr verwundern, als eigentlich gerade das Haushaltsrecht in seiner untrennbaren Verknüpfung mit der allgemeinen Verfassungslage einer besonders sorgfältigen Prüfung an der geltenden Verfassung unterzogen werden müßte[2]. Wiewohl der Befund eines meist allzu unkritischen Rekurses auf frühere Theorien dazu veranlassen könnte, bei der Erörterung einer haushaltsrechtlichen Spezialfrage von einem Einstieg in die Geschichte einmal völlig abzusehen, erweist sich dieser Weg als praktisch ungehbar. Große Teile des Schrifttums zum Nothaushaltsrecht können ohne die Kenntnis der historischen Entwicklung eben dieses Rechtsgebietes schlechterdings nicht zutreffend gewürdigt werden. Dies ist weniger die Folge einer ungebrochenen Entwicklungslinie als vielmehr die Folge der Erkenntnis, daß mitunter eindeutig als unhaltbar zu erweisende Antworten auf aktuelle Fragen des Nothaushaltsrechts ihre alleinige Wurzel in der mangelnden Differenzierung zwischen übertragbaren und heute überholten Lehren historischer Nothaushaltstheoretiker haben. Die Aufklärung derartiger „historischer Mißverständnisse" macht daher auch in der nachfolgenden dogmatischen Untersuchung der heutigen Probleme einen beachtlichen Teil der Auseinandersetzung mit dem Schrifttum aus. Darüber hinaus gilt es, einigen tatsächlich aussagekräftigen Strömungen früherer Zeiten die ihnen angemessene und manchmal leider zu Unrecht abgestrittene Bedeutung als Erkenntnisquelle zur Lösung aktueller Fragen zuzuweisen.

---
[1] *Hirsch* S. 35.
[2] Auch *Friauf* beklagt zu Beginn seiner weitgespannten historischen Untersuchung den verbreiteten Mangel, eine Prüfung früherer Theorien an der geltenden Verfassung zu unterlassen (S. 12 f.).

Das Ziel der Arbeit, das Nothaushaltsrecht des Bundes, wie es im Grundgesetz für die Bundesrepublik Deutschland seine Regelung gefunden hat, darzustellen, rechtfertigt von vornherein den Verzicht auf eine lückenlose Geschichtsschreibung und die Beschränkung auf hervorragende Ereignisse und Entwicklungslinien, die unmittelbar zu der grundgesetzlichen Regelung geführt haben, aus der allein alle aufgeworfenen Fragen zu beantworten sind.

Budgettheorien als Hauptgegenstand der meisten herkömmlichen dogmengeschichtlichen Abrisse[3] werden daher nur dann behandelt, wenn sie unmittelbar etwas darüber aussagen, was zu geschehen hat, wenn kein Haushaltsgesetz zustande kommt. Da dieses Problem als Hauptfrage des Budgetrechts nach 1862 das Schrifttum bis zum Ende des Kaiserreichs beherrschte, später, insbesondere im Schrifttum zur Weimarer Reichsverfassung aber etwa von der Frage, ob das Haushaltsgesetz der Regierung positiv die Pflicht auferlegt, bestimmte Ausgaben zu tätigen[4], verdrängt wurde und erst jüngst wieder in den Blickpunkt des Interesses rückte, wird auch die Darstellung der Leitlinien für die einzelnen Epochen schon vom Umfang her ein durchaus unterschiedliches Gewicht erhalten.

§ 2: Der preußische Budgetkonflikt 1862—1866

1. Der Gegenstand des Konflikts

Die Beschränkung der Untersuchung auf die budgetrechtlichen Aspekte des preußischen Verfassungskonfliktes der Jahre 1862—1866 verkennt keineswegs die Tatsache, daß es bei diesem Konflikt um weit mehr ging als um den allerdings von den staatsrechtlichen Darstellungen des Konflikts in der Regel in den Vordergrund gestellten[5] Streit um das Budgetrecht.

Bereits die Äußerungen des preußischen Finanzministers *von der Heydt*[6] zu Beginn der parlamentarischen Auseinandersetzung vom 11. bis zum 23. September 1862, die — wie eine auch heute noch fesselnde Lektüre der Verhandlungsberichte ohne weiteres glaubhaft macht — *Ernst Rudolf Huber* wohl zu Recht als die bedeutendste und erregendste

---

[3] Siehe nur: *Friauf* S. 249 ff.
[4] Eine plastische Einführung in dieses Problem bietet der zeitgenössische Aufsatz von *Bilfinger* AöR 55 (1929) 416 zum Streit um den vom Parlament geforderten Bau des Panzerschiffes A; eine Stellungnahme zu der Frage in bezug auf das Haushaltsgesetz unter dem Grundgesetz findet sich bei *Frömel* DVBl. 1974, 65 (68 f.) mit zahlreichen Nachweisen (insbesondere in den Fn. 49 — 51).
[5] *Huber* Verfassungsgeschichte, Bd. III, S. 333.
[6] Stenographische Berichte, Haus der Abgeordneten, 1862, Bd. 3, S. 1564 ff.

Debatte des preußischen Abgeordnetenhauses bezeichnet[7], zeigen, daß die Zentralfrage des Konflikts wehrrechtlicher Natur war und sich „die Wesensfrage — die Frage nach der Seinsstruktur und dem Sinngefüge des politischen Ganzen"[8] — lediglich zu der budgetrechtlichen Frage verdichtete[9].

2. Die Grundlinien der Konfliktlage

Die Grundlinien des späteren Budgetkonflikts zeichneten sich bereits unmittelbar nach dem Erlaß der „Verfassungs-Urkunde für den Preußischen Staat vom 31. Januar 1850"[10] ab. Die für das Budgetrecht entscheidenden Bestimmungen dieser Verfassung waren die Artikel 99:

„Alle Einnahmen und Ausgaben des Staats müssen für jedes Jahr im voraus veranschlagt und auf den Staatshaushaltsetat gebracht werden. Letzterer wird jährlich durch ein Gesetz festgestellt."

und 109:

„Die bestehenden Steuern und Abgaben werden forterhoben, und alle Bestimmungen der bestehenden Gesetzbücher, einzelnen Gesetze und Verordnungen, welche der gegenwärtigen Verfassung nicht zuwiderlaufen, bleiben in Kraft, bis sie durch ein Gesetz abgeändert werden."

Trotz des in Art. 99 verankerten Grundsatzes der Vorherigkeit des Haushaltsgesetzes konnte bereits im ersten Jahr nach Erlaß der Verfassung der Etat nicht rechtzeitig, d. h. bis zum 1. Januar 1851, festgestellt werden. Unter Hinweis auf die in Art. 109 vorgesehene Weitererhebung der Einnahmen und eine daraus abgeleitete Verfügungsbefugnis der Regierung faßte das Staatsministerium schon am 16. Dezember 1850 den Beschluß, daß bei einer Verzögerung des Haushaltsgesetzes die dauernden Ausgaben des Vorjahresetats, die auch im neuen Etatentwurf enthalten sind, im neuen Haushaltsjahr fortgeleistet werden dürfen und sogar außerordentliche Ausgaben des neuen Entwurfs geleistet werden können, wenn sie auf einer rechtlichen Verpflichtung der Regierung beruhen oder im besonderen staatlichen Interesse liegen[11].

---

[7] *Huber* Verfassungsgeschichte, Bd. III, S. 297, der allerdings das Ende der Debatte mit dem 18. September 1962 angibt, obwohl diese auch in den folgenden Sitzungen (siehe z. B. die Berichte über die 50. Sitzung am 19. 9. 1862, Stenographische Berichte, Haus der Abgeordneten, 1862, Bd. 3, S. 1743—1780) mit unverminderter Schärfe — aber auch unverminderter Brillanz — fortgeführt wurde.
[8] *Huber* Verfassungsgeschichte, Bd. III, S. 333.
[9] Die außerrechtlichen Aspekte des preußischen Verfassungskonflikts finden eine eingehende Würdigung bei *Rainer Wahl* in: Moderne deutsche Verfassungsgeschichte, S. 171—194.
[10] GS S. 17.
[11] Stellungnahmen zu dem Beschluß und seiner Begründung finden sich bei *Birkholz* S. 22 und *Hahndorff* S. 44.

§ 2: Der preußische Budgetkonflikt 1862—1866

Obwohl das Haus der Abgeordneten diesen Beschluß, der die Verfassung um eine in ihr nicht enthaltene Regelung der vorläufigen Haushaltsführung „erweiterte", verwarf[12], sah sich die preußische Regierung in der Folgezeit beim Regelfall der Etatverzögerung nicht daran gehindert, nach ihm zu verfahren[13]. Das Problem der rechtlichen Bewältigung der Etatverzögerung war also schon vor dem Etatkonflikt von 1862—1866 als solches bekannt. Seine Diskussion beherrschte auch noch unmittelbar vor dem offenen Ausbruch des Konfliktes die budgetrechtlichen Auseinandersetzungen im Haus der Abgeordneten.

Der am 14. Juni 1862 vorgelegte „Bericht der Kommission (des Hauses der Abgeordneten) zur Prüfung des Staatshaushalts-Etats über die gleichzeitige Berathung der Etats für 1862 und 1863"[14] bestand hauptsächlich aus einem Gesetzesentwurf nebst Begründung, der die rechtzeitige Verabschiedung des Haushaltsgesetzes technisch sichern sollte.

Obwohl sich die viel tiefer gehende Auseinandersetzung längst anbahnte[15], wurde dieser Gesetzesentwurf im Haus der Abgeordneten noch ernsthaft behandelt, wie etwa die Anträge der Abgeordneten *Borsche* und *Klotz*[16] sowie der Abänderungsantrag des Abgeordneten *Hagen*[17] zeigen.

3. Der Verlauf des Konflikts

Die Debatten vom 11. bis zum 23. September 1862 zeigten trotz gelegentlich aufkommender Kompromißstimmung die Entschlossenheit des Hauses der Abgeordneten, die Kosten der Heeresreform nicht auf Dauer zu bewilligen. Immer wieder wurde zum Ausdruck gebracht, daß es die Regierung selbst gewesen sei, die stets betont habe, die aufgrund außerordentlicher Bewilligungen seit 1860 tatsächlich erfolgte Inangriffnahme der Heeresreform präjudiziere in keiner Weise künftig zu fassende Beschlüsse[18].

Am 23. September 1862 entschied das Haus der Abgeordneten zwar noch nicht über die beiden ihm gleichzeitig vorgelegten Staatshaushalts-

---

[12] Stenographische Berichte, Haus der Abgeordneten, 1850/51, Bd. 1, S. 327 ff.
[13] *Birkholz* S. 23.
[14] Stenographische Berichte, Haus der Abgeordneten, 1862, Bd. 5 (Anlagen), S. 290—293.
[15] Zur unmittelbaren Vorgeschichte des Verfassungskonfliktes siehe die Darstellungen von *Kurt Simon* und *Adalbert Wahl*.
[16] Stenographische Berichte, Haus der Abgeordneten, 1862, Bd. 5 (Anlagen), S. 293.
[17] Stenographische Berichte, Haus der Abgeordneten, 1862, Bd. 5 (Anlagen), S. 294.
[18] So zitierte beispielsweise der Abgeordnete *Von Hoverbeck* in der Sitzung vom 12. 9. 1862 wiederholt entsprechende offizielle Äußerungen der Regierung (Stenographische Berichte, Haus der Abgeordneten, 1862, Bd. 3, S. 1613—1618, insbesondere S. 1614); siehe auch: *Hahndorff* S. 76 ff.

1. Abschn.: Die historische Entwicklung des Nothaushaltsrechts

pläne für 1862 und 1863[19], strich aber die Kosten der Heeresreform aus dem Militäretat.

Nachdem *Bismarck* am 29. September 1862 den Haushaltsplan für 1863 auf königliche Order zurückgezogen hatte[20], sprach er in seiner berühmten Rede am 30. September 1862 vor der Budgetkommission des Hauses der Abgeordneten nicht nur von der Lösung der großen Fragen der Zeit durch „Eisen und Blut", sondern erklärte schon zu diesem Zeitpunkt, beim „Scheitern der Budgetvereinbarung" sei „tabula rasa" vorhanden[21].

Unbeeindruckt von dieser unverhohlenen Drohung stellt das Haus der Abgeordneten am 3. Oktober 1862 den Haushaltsplan 1862 unter Beachtung der zuvor beschlossenen Kürzungen fest[22].

Im Herrenhaus aber erfolgte auf Antrag des Grafen *von Arnim-Boytzenburg* am 11. Oktober 1862 die Ablehnung dieses verkürzten Etats; dafür wurde der Entwurf der Regierung *einschließlich* der Ausgabenpositionen für die Heeresreform angenommen[23]. Mit dem letztgenannten Beschluß hatte das Herrenhaus seine verfassungsmäßigen Kompetenzen eindeutig überschritten, wie sich aus Art. 62 II 2. Halbsatz der Verfassung unmißverständlich ergibt[24].

Zu Recht wurde dieser Beschluß daher am 13. Oktober 1862 vom Haus der Abgeordneten für „null und nichtig" erklärt[25], da das Herrenhaus nur den Haushaltsplan, wie er ihm vom Abgeordnetenhaus zugegangen war, annehmen oder ablehnen konnte. Durch den Beschluß des Herrenhauses stand die fehlende Übereinstimmung der beiden Häuser des Preußischen Landtages fest. Das Haushaltsgesetz 1862 war gescheitert. Fortan lag keine Etat*verzögerung* mehr vor. Neben den bisher alljährlichen Fall des nicht rechtzeitigen Zustandekommens des Haushaltsgesetzes trat nun der Fall, daß dieses Gesetz gar nicht zustande kam, — ein Fall, der sich in den folgenden Jahren bis einschließlich

---

[19] Stenographische Berichte, Haus der Abgeordneten, 1862, Bd. 5 (Anlagen), S. 33.
[20] Stenographische Berichte, Haus der Abgeordneten, 1862, Bd. 4, S. 1889 f.
[21] Stenographische Berichte, Haus der Abgeordneten, 1862, Bd. 8, S. 1609; *Huber* Dokumente, Bd. 2, S. 44 f., Nr. 46.
[22] Stenographische Berichte, Haus der Abgeordneten, 1862, Bd. 4, S. 2055.
[23] Stenographische Berichte, Herrenhaus, 1862, S. 219 ff.
[24] *Arndt* Verfassungs-Urkunde für den Preußischen Staat, Art. 62, Anm. 8 mit weiteren Nachweisen; *Birkholz* S. 25; *Friauf* S. 178; *Hahndorff* S. 91; *Huber* Verfassungsgeschichte, Bd. III, S. 308; die abweichende Auffassung *Forsthoffs* (S. 139) mit der Behauptung, das Herrenhaus sei in seinen Entschließungen ebenso frei gewesen wie das Haus der Abgeordneten, findet in der Preußischen Verfassung von 1850 keine Stütze.
[25] Stenographische Berichte, Haus der Abgeordneten, 1862, Bd. 4, S. 2242 bis 2246.

1866 jährlich wiederholte. Dabei hatte nur das Haushaltsgesetz von 1864 genau das gleiche Schicksal wie das von 1862, d. h. es scheiterte, weil es vom Abgeordnetenhaus verkürzt und vom Herrenhaus in der Regierungsfassung angenommen wurde. Das Haushaltsgesetz von 1865 wurde ebenfalls vom Abgeordnetenhaus verkürzt angenommen; das Herrenhaus beschränkte sich hier in Wahrung seiner verfassungsmäßigen Kompetenzen auf die Ablehnung. Die Budgetgesetze von 1863 und 1866 blieben bereits im Haus der Abgeordneten unerledigt[26].

Erst der Haushaltsplan von 1867 fand in der vom Abgeordnetenhaus fast einstimmig beschlossenen Fassung[27] auch die Zustimmung des Herrenhauses. Dieses erste Haushaltsgesetz nach Beginn des Konflikts war zugleich das erste unter der Verfassung von 1850, das rechtzeitig vor Beginn des neuen Haushaltsjahres festgestellt wurde[28].

4. Die Beendigung des Konflikts

Der Beendigung des budgetlosen Zustandes ab dem 1. Januar 1867 war die Beendigung des Budgetkonfliktes durch das „Gesetz betreffend die Ertheilung der Indemnität in Bezug auf die Führung des Staatshaushalts vom Jahre 1862 ab und die Ermächtigung zu den Staatsausgaben für das Jahr 1866 vom 14. September 1866"[29] vorangegangen. Die allgemeinpolitische Lage, insbesondere der durch die außenpolitischen und militärischen Erfolge Preußens verursachte Umschwung der öffentlichen Meinung, hatte dem sogenannten „Indemnitäts-Gesetz" den Weg bereitet[30]. Wenn auch *Bismarck* in seiner Rede vor dem Haus der Abgeordneten am 1. September 1866 hervorhob, angesichts der Indemnitätsvorlage brauchten weder Parlament noch Regierung ein Unrecht einzugestehen[31], so enthalten doch sogar die Motive des Regierungsentwurfes[32] des Gesetzes die Erkenntnis, daß die seit 1862 getroffenen Verfügungen über die Staatsmittel der gesetzlichen Grundlage entbehren.

---

[26] Zum Schicksal der fünf Budgetgesetze 1862—1866 im einzelnen siehe: *Huber* Verfassungsgeschichte, Bd. III, S. 353, Fn 17.
[27] Stenographische Berichte, Haus der Abgeordneten, 1866/67, S. 542 und 1194.
[28] *Hahndorff* S. 127; siehe auch: *Huber* Verfassungsgeschichte, Bd. III, S. 359, dessen Formulierung „Zum erstenmal . . . trat das Staatshaushaltsgesetz . . . bei Beginn des Haushaltsjahres in Kraft" allerdings insofern unkorrekt ist, als auch verspätet festgestellte Haushaltsgesetze zu Beginn des Haushaltsjahres in Kraft traten — nur eben rückwirkend.
[29] GS S. 563; *Huber* Dokumente, Bd. 2, S. 88 f., Nr. 83.
[30] Siehe dazu: *Huber* Verfassungsgeschichte, Bd. III, S. 352 f.
[31] Stenographische Berichte, Haus der Abgeordneten, 1866/67, Bd. 1, S. 173 f.; *Huber* Dokumente, Bd. 2, S. 87 f., Nr. 82.
[32] Stenographische Berichte, Haus der Abgeordneten, 1866/67, Bd. 1 (Anlagen), S. 33 f., *Huber* Dokumente, Bd. 2, S. 85 f., Nr. 80.

In der Tat stellte das „Indemnitäts-Gesetz" nach dem klaren Wortlaut seiner Art. 1 und 2 nichts anderes dar als eine nachträgliche Legalisierung der etatlosen Regierungszeit durch das Haus der Abgeordneten[33]. Die Globalermächtigung seines Art. 3 gewann dadurch zusätzliche Bedeutung, daß sie ihrer Funktion gemäß das Haushaltsgesetz für 1866 ersetzte.

5. Die Haltung Bismarcks

Die Kernfrage des preußischen *Budget*konflikts als die Frage danach, ob die Regierung befugt war, aus den gemäß Art. 109 der Verfassung weiter erhobenen Steuern und Abgaben auch ohne Haushaltsgesetz Ausgaben zu leisten[34], hat *Bismarck* von allem Anfang an unmißverständlich und eindeutig beantwortet.

Schon in seiner bereits zitierten Rede vom 30. September 1862[35] — also noch zu einem Zeitpunkt, wo eine Beilegung des Konflikts durch beiderseitiges Nachgeben nicht völlig ausgeschlossen schien — beanspruchte er unter Hinweis darauf, daß der Krone alle Rechte verblieben seien, die die Verfassung nicht ausdrücklich anderen Staatsorganen übertragen hatte, ein Notrecht der Regierung, im Falle der Etatverweigerung die Geschäfte ohne Haushaltsgesetz weiterzuführen. Anläßlich der Rede bei der Schließung des Landtags am 13. Oktober 1862[36], die *Ernst Rudolf Huber* als „Proklamation des budgetlosen Regiments" bezeichnet[37], hat er diesen Standpunkt dahingehend präzisiert, daß die Regierung ermächtigt sei, „bis zur gesetzlichen Feststellung des Etats die Ausgaben zu bestreiten, welche zur Erhaltung der bestehenden Staatseinrichtungen und zur Förderung der Landeswohlfahrt nothwendig sind."

Die umfassendste Darlegung seiner Rechtsauffassung enthielt *Bismarcks* Rede vom 27. Januar 1863[38], der nachfolgende Auszüge entnommen sind:

---

[33] Zur Erläuterung des Begriffes „Indemnität" im damaligen Verständnis vgl. den Bericht der Budgetkommission über die Indemnitätsvorlage, Stenographische Berichte, Haus der Abgeordneten, 1866/67, Bd. 1 (Anlagen), S. 138 ff. (*Huber* Dokumente, Bd. 2, S. 87, Nr. 81); die verfassungsrechtliche und verfassungspolitische Bedeutung der Indemnität ist in der Literatur nach wie vor umstritten (Näheres bei: *Huber* Verfassungsgeschichte, Bd. III S. 358 bis 369 und *Forsthoff* S. 140 f.).
[34] *Friauf* S. 237.
[35] Oben 4., Fn. 21; siehe auch: *Huber* Verfassungsgeschichte, Bd. III, S. 307.
[36] Stenographische Berichte, Haus der Abgeordneten, 1862, Bd. 4, S. 2259 f.
[37] *Huber* Verfassungsgeschichte, Bd. III, S. 307 und Dokumente, Bd. 2, S. 47, Nr. 49.
[38] Stenographische Berichte, Haus der Abgeordneten, 1863, Bd. 1, S. 53 ff., siehe auch: *von Eppstein-Bornhak* S. 351; *Friauf* S. 237 f.; *Huber* Verfassungsgeschichte, Bd. III, S. 309 f. und Dokumente, Bd. 2, S. 49 ff., Nr. 51.

§ 2: Der preußische Budgetkonflikt 1862—1866

„Letzterer, der Staatshaushalts-Etat, wird jährlich durch ein Gesetz festgestellt. Wie nun ein Gesetz zu Stande kommt, sagt Artikel 62 mit unwiderleglicher Klarheit. Er sagt, daß zum Zustandekommen eines jeden Gesetzes, also auch des Budgetgesetzes, die Übereinstimmung der Krone und der beiden Kammern erforderlich ist... Wenn eine Vereinbarung zwischen den drei Gewalten nicht stattfindet, so fehlt es in der Verfassung an jeglicher Bestimmung darüber, welche von ihnen nachgeben muß ... Die Verfassung hält das Gleichgewicht der drei gesetzgebenden Gewalten in allen Fragen, auch in der Budget-Gesetzgebung, durchaus fest; keine dieser Gewalten kann die andre zum Nachgeben zwingen; die Verfassung verweist daher auf den Weg der Compromisse zur Verständigung ... Wird der Compromiß dadurch vereitelt, daß eine der betheiligten Gewalten ihre eigene Ansicht mit doctrinairem Absolutismus durchführen will, so wird die Reihe der Compromisse unterbrochen und an ihre Stelle treten Conflicte, und Conflicte, da das Staatsleben nicht stillzustehen vermag, werden zu Machtfragen; wer die Macht in Händen hat, geht dann in seinem Sinne vor... Daß hier eine Lücke in der Verfassung ist, ist gar keine neue Erfindung... Über das, was Rechtens sei, wenn kein Budget zu Stande kommt, sind Theorien aufgestellt, auf deren Würdigung ich mich hier nicht einlassen will... es reicht für mich die Nothwendigkeit hin, daß der Staat existire ... Es ist die Nothwendigkeit allein maßgebend, dieser Nothwendigkeit haben wir Rechnung getragen... Daß der damit eingetretene Zustand verfassungswidrig sei, bestreite ich nach wie vor auf das Allerbestimmteste ... Außerdem ist der Zustand, in welchem wir uns befinden, keinesfalls verfassungswidriger, als der Zustand, der 14 Jahre lang jedesmal in den ersten 4—6 Monaten obwaltete, in denen wir ohne Budget waren. Sie sagen, die jetzige Situation sei verschärft dadurch, daß gewisse Theile des Budgets von Ihnen ausdrücklich abgelehnt waren. Verzeihen Sie mir die Bemerkung, daß Ihre Beschlüsse an sich, so lange sie allein stehn, gar keine Rechtskraft haben; ..."

Der sogenannten „Lückentheorie", welche die Betrachtungen dieser Ausführungen *Bismarcks* regelmäßig zum Mittelpunkt ihrer zustimmenden oder widersprechenden Erörterungen machen[39], seien hier nur zwei Bemerkungen gewidmet: Erstens hat Bismarck zu Recht hervorgehoben, daß er gar keine neue Erfindung gemacht habe, denn die Lückentheorie war nicht nur bereits dem frühkonstitutionellen deutschen Staatsrecht bekannt[40], sondern sie war auch von Teilen des preußischen Abgeordnetenhauses von Anfang an anerkannt[41]. Zweitens war auch die sogenannte „parlamentarische Lösung" des Konflikts, die heute der „monarchischen" Bismarcks entgegengestellt wird[42], bereits zur Zeit des Konflikts erörtert worden[43]; wie *Ernst Rudolf Huber* bemerkt, wa-

---
[39] Siehe nur: *Friauf* S. 237 f.; *Huber* Verfassungsgeschichte, Bd. III, S. 333 ff.; *Karldieter Schmidt* S. 20 f.
[40] *Huber* Verfassungsgeschichte, Bd. III, S. 334.
[41] Vgl. die Ausführungen des Abgeordneten *Reichensperger* am 6. 10. 1862 (Stenographische Berichte, Haus der Abgeordneten, 1862, Bd. 4, S. 2097 ff.).
[42] *Karldieter Schmidt* S. 21 und wohl auch *Friauf* S. 238.
[43] *Huber* Verfassungsgeschichte, Bd. III, S. 335 f. gibt die Formulierung dieser parlamentarischen Lösung seitens der Gegner *Bismarcks* wie folgt wieder: „Wenn der verfassungsrechtlich gebotene Kompromiß über den Staatshaushalt nicht zustande komme und infolgedessen ein budgetloser

ren wohl die „monarchische" wie die „parlamentarische" Lückentheorie gleichermaßen juristisch gewagte Interpretationen der Preußischen Verfassungsurkunde von 1850[44].

Im Gegensatz zu der untrennbar mit Besonderheiten gerade des konstitutionellen Staatsrechts verknüpften Lückentheorie[45] hat ein anderes wesentliches Moment der *Bismarck*schen Konfliktlösung in der staatsrechtlichen Erörterung bisher nicht die ihm zukommende Würdigung erfahren:

Im letzten der aus seiner Rede vom 27. Januar 1863 zitierten Sätze vergleicht *Bismarck* die von der Regierung für den Fall der Etat*verweigerung* in Anspruch genommene Rechtsposition mit der Staatspraxis während dem jährlich wiederkehrenden Fall der Etat*verzögerung* und kommt zu dem Ergebnis, daß die Konfliktslösung keinesfalls verfassungswidriger sei als die Praxis bei der Etatverzögerung.

In der Tat unterscheidet sich *Bismarcks* Haltung im Konflikt kaum von der bereits im Regierungsbeschluß vom 16. Dezember 1850[46] eingenommenen Haltung des Staatsministeriums zur Überbrückung der Zeit der Etatverzögerung. Bismarck hat also letztlich nichts anderes getan, als die Regeln für die Lösung der Probleme der Etatverzögerung auch seiner Lösung des Etatkonflikts zugrunde gelegt.

§ 3: Lösungsversuche zur Zeit der Reichsverfassung von 1871

1. Die Rolle der Nothaushaltsfragen

Das budgetrechtliche Schrifttum war bis Ende des Kaiserreichs von dem Eindruck geprägt, den die im preußischen Budgetkonflikt aufgeworfenen Probleme hinterlassen hatten. Die Regelung und Bewältigung des verfassungsrechtlichen Ausnahme- und praktischen Normalzustandes, der Frage nämlich, wie zu verfahren sei, wenn das Haushaltsgesetz nicht rechtzeitig oder nicht zustande kommt, bildete das Hauptproblem des Budgetrechts[47].

Zustand eintrete, sei die Regierung lediglich befugt, vorübergehend die schlechthin unabweisbaren Staatsausgaben zu leisten; im übrigen sei sie gehalten, die Volksvertretung aufzulösen, um dem Volk Gelegenheit zu geben, sich für die Regierung oder das Parlament zu entscheiden. Wage die Regierung diesen Appell nicht oder habe sie sich dieses Mittels erfolglos bedient, so sei sie verpflichtet, zurückzutreten und einem neuen Ministerium Platz zu machen, das bessere Aussichten besitze, die verfassungsrechtlich gebotene Budgetvereinbarung mit dem Parlament zustandezubringen."

[44] *Huber* Verfassungsgeschichte, Bd. III, S. 336.
[45] *Karldieter Schmidt* S. 20.
[46] Siehe oben § 2, 2.
[47] *Friauf* S. 250 mit weiteren Nachweisen.

§ 3: Lösungsversuche zur Zeit der Reichsverfassung von 1871

Die Verfassung des Deutschen Reichs vom 16. April 1871[48] sah in Art. 69 die Feststellung des Reichshaushaltsetats vor Beginn des Etatjahres durch ein Gesetz vor, enthielt aber ebensowenig wie die Preußische Verfassungsurkunde von 1850 Regeln für die Fälle der Haushaltsverzögerung oder Haushaltsverweigerung.

Damit war auch hier die Lösung der Konflikte der Staats*praxis* und dem rechtswissenschaftlichen Streit überlassen, wobei jedoch trotz aller Vergleichbarkeit der Vorschriften über die Finanzen die in beiden Verfassungen in erheblichem Maße unterschiedliche Struktur, Bedeutung und Gewichtung der Volksvertretung besonderer Aufmerksamkeit bedurfte oder bedurft hätte.

Angesichts der Tatsache, daß die Frage nach den finanzrechtlichen Befugnissen von Regierung und Parlament ohne Haushaltsgesetz den Ausgangspunkt *aller* Theorienbildungen zum Budgetrecht im Kaiserreich bildete, läßt sich die von *Zorn*[49] bereits 1895 für die Lehre *Labands*[50] gewählte Bezeichnung als „ein juristisches System der Budgetlosigkeit" zutreffend auf alle um die Jahrhundertwende entwickelten Theorien anwenden[51].

Auch wenn aber die hervorragende Rolle der Nothaushaltsfragen im Rahmen aller hier zu behandelnden Budgettheorien evident ist, erlauben eine Fülle umfassender Darstellungen aus zeitgenössischer[52] wie aus heutiger[53] Sicht eine Beschränkung der folgenden Skizze auf die zum Verständnis der heutigen grundgesetzlichen Regelung und ihres Entstehens unbedingt notwendigen Leitlinien.

Schließlich verdient der Hinweis *Bischofswerders*, daß gerade die im hier betrachteten Zeitraum entstandenen Theorien nur im Anschluß an Verfassungen entwickelt werden konnten, die die (vorherige) Feststellung des Etats durch Gesetz vorschrieben und keine Bestimmungen darüber enthielten, welche Grundsätze beim Nichtvorhandensein eines Etatgesetzes zur Anwendung kommen sollten[54], besondere Beachtung, zeigt er doch, wie vorsichtig Theorien, die letztlich nur eine „Lücke in der Verfassung" schließen wollten, als Entscheidungshilfen bei der

---

[48] RGBl. S. 64.
[49] *Zorn* S. 454, Fn. 33.
[50] *Laband* Staatsrecht, 1. Aufl., S. 367 ff. und 5. Aufl., S. 549 ff.
[51] So auch: *Friauf* S. 250, Fn. 2.
[52] Die Erlanger Dissertation *Bischofswerders* aus dem Jahre 1913 ist für einen Überblick auch heute noch unübertroffen; siehe auch: *Laband* Staatsrecht, 5. Aufl., S. 577—600, bei dem allerdings der kritische Vergleich fremder Theorien mit der eigenen Auffassung im Vordergrund steht.
[53] Siehe insbesondere: *Friauf* S. 249—269 und *Karldieter Schmidt* S. 8—21, wobei sich letzterer aber sehr eng an *Bischofswerder* anlehnt.
[54] *Bischofswerder* S. 3.

Interpretation einer Verfassung verwandt werden können, die — wie das Grundgesetz — diese „Lücke" gerade nicht enthält.

2. Die Verweisung aus dem Bereich des Rechts

„Das Staatsrecht hört hier auf" — mit dieser Formel trat *Anschütz* allen Versuchen einer rechtlichen Theoriebildung zu den Nothaushaltsfragen für den Bereich der preußischen Verfassung[55] wie auch für den Bereich der Verfassung des Deutschen Reichs[56] entgegen und degradierte sie zu „rechtswissenschaftlichen Begriffsoperationen".

Insoweit als *Anschütz* eine Lücke *im Recht* annahm und die Lösung der Probleme einer budgetlosen Zeit völlig aus dem Bereich der *Rechts*fragen ausklammerte, wich er dogmatisch von der *Bismarck*schen Lückentheorie, deren Ergebnissen und Lösungen er ansonsten in vollem Umfang folgte, in einem entscheidenden Punkt ab. Für *Bismarck* und *von Seydel*, der die Ansicht Bismarcks für das *Reichs*staatsrecht übernommen hat[57], war es eine staats*rechtliche* Frage, wie beim Mißlingen der Budgetfeststellung zu verfahren sei, denn die Auffassung, der Krone seien alle Rechte verblieben, die die Verfassung nicht anderen Staatsorganen übertragen habe[58], wurde durch Interpretation der preußischen Verfassung (Bismarck) und der Reichsverfassung (Seydel) gewonnen, fußte also auf der Anwendung von Rechtssätzen[59].

Eine Stütze auch für seinen dogmatischen Ausgangspunkt fand *Anschütz* lediglich bei *von Martitz*[60]. Dieser bemühte sich zwar eingehend um eine Definition der Rechtsnatur des Haushaltsgesetzes[61], sah aber gerade die Frage, was zu geschehen habe, wenn dieses Gesetz nicht zustande kommt, als nicht mehr dem Bereich des Rechts angehörend[62].

Für *von Martitz* schien es „geradezu wie ein Hohn auf die Wissenschaft, solche *Krisen . . . zu Rechtsinstituten zu machen*"[63].

---

[55] *Meyer-Anschütz* S. 906: „Es liegt hier nicht sowohl eine Lücke im Gesetz (d. h. im Verfassungstext) als vielmehr eine Lücke im *Recht* vor, welche durch keinerlei rechtswissenschaftliche Begriffsoperationen ausgefüllt werden kann. Das Staatsrecht hört hier auf; *die Frage, wie bei nicht vorhandenen Etatsgesetz zu verfahren sei, ist keine Rechtsfrage.*"
[56] *Meyer-Anschütz* S. 925: „Der Fall des *Nichtzustandekommens des Reichshaushaltsetats* ist rechtlich nach denselben Grundsätzen zu beurteilen, welche in den Einzelstaaten, insbesondere in Preußen, gelten."
[57] *von Seydel* S. 396 f.
[58] Siehe oben § 2, 5. und *von Seydel* S. 397.
[59] Die von *Bischofswerder* (S. 4) für die Theorien *Bismarcks* und *von Seydels* gewählte Bezeichnung als „verfassungssuspendierende Theorien" ist daher mißverständlich, da sie nicht erkennen läßt, daß die (jeweilige) Verfassung lediglich interpretiert wird.
[60] *von Martitz* ZStW Bd. 36 (1880), S. 207 ff.
[61] *von Martitz* ZStW Bd. 36 (1880), S. 269.
[62] *von Martitz* ZStW Bd. 36 (1880), S. 272.
[63] *von Martitz* ZStW Bd. 36 (1880), S. 274.

§ 3: Lösungsversuche zur Zeit der Reichsverfassung von 1871

3. Rechtliche „Lösungen"

Alle übrigen namhaften Vertreter der deutschen Staatsrechtslehre um die Jahrhundertwende haben in der Lösung der Probleme der budgetlosen Zeit eine Rechtsfrage gesehen.

Die zahlreichen rechtlichen Lösungsversuche jener Epoche lassen sich in drei jeweils von einer anderen Zielvorstellung ausgehende Gruppen einteilen[64]:

a) Laband

Von allen zur Bewältigung der im preußischen Verfassungskonflikt aufgeworfenen Fragen entwickelten Budgetlehren war diejenige Labands[65] die bis zum Ende des Kaiserreichs weitaus herrschende[66].

Für Laband gehörte die Aufstellung des Etats für einen zukünftigen Zeitraum ebensowenig wie die Kontrolle der Rechnungen über einen vergangenen Zeitraum zum Bereich der Gesetzgebung, sondern war dem Bereich der Verwaltung zuzurechnen[67]; in der Feststellung des Voranschlags der Ausgaben und Einnahmen sah er „kein Gesetz im materiellen Wortsinne", sondern einen „Verwaltungsakt"[68,69].

Laband leitete diese Qualifizierung der Feststellung des Budgets aus deren materiellem Inhalt ab[70], übersah dabei allerdings nicht, daß das Etatgesetz *neben der Etatfeststellung* aufgrund seiner Form auch materiell gesetzliche Bestimmungen enthalten konnte[71].

Im Gegensatz zu früheren Vertretern[72] der Qualifizierung der gesetzlichen Budgetfeststellung als „Verwaltungsakt" zog Laband aus der so

---

[64] Zu den jeweiligen Zielvorstellungen siehe: *Friauf* S. 250 („drei verschiedene Lösungswege").

[65] *Laband* Budgetrecht, 1871 (Neudruck 1971); Staatsrecht, 1. Aufl., S. 339 bis 391, insbesondere S. 367 ff.; 5. Aufl., S. 522—600, insbesondere S. 549 ff.

[66] *Birkholz* S. 28. *Laband* bietet selbst (Staatsrecht, 5. Aufl., S. 579) eine Übersicht über die zeitgenössischen Schriftsteller, die mit seinen Grundsätzen übereinstimmen, aus der insbesondere *Gneist* hervorzuheben ist, da dieser die *Labandsche* Theorie aus rechtsvergleichender Sicht unter Berücksichtigung des englischen und des fränzöisch-belgischen Budgetrechts entwickelt.

[67] *Laband* Budgetrecht, S. 13.

[68] *Laband* Budgetrecht, S. 16 und Staatsrecht, 1. Aufl., S. 340 und 5. Aufl., S. 524. „Gesetz im materiellen Sinne" ist für *Laband* eine Regel nur dann, „wenn sie einen R e c h t s i n h a l t hat, wenn sie in irgend einer Beziehung die Rechtssphäre des Einzelnen oder der staatlichen Gemeinschaft betrifft" (Budgetrecht, S. 12); zum Rechtsbegriff im Sinne *Labands* vgl. insbesondere *Rupp* S. 19 ff.

[69] Der Begriff „Verwaltungsakt" bedeutet in diesem Zusammenhang nur, daß ein Akt der Verwaltung vorliegt; er darf nicht mit dem gleichlautenden Begriff der heutigen Verwaltungsrechtslehre und Verwaltungsprozeßrechtsdogmatik gleichgesetzt werden.

[70] *Laband* Budgetrecht, S. 13 f.

[71] *Laband* Budgetrecht, S. 14.

verstandenen Rechtsnatur des Haushaltsgesetzes die „weitgehendsten staatsrechtlichen Konsequenzen"[73], insbesondere hinsichtlich der Wirkungen des Nichtzustandekommens des Budgets.

Ausgehend davon, daß sich die materielle Wirkung des Etatgesetzes in der im voraus erteilten Entlastung der Regierung von der Verantwortlichkeit gegen Bundesrat und Reichstag, insoweit die Regierung bei der Führung der Verwaltung den Ansätzen des Etats gemäß verfährt, erschöpft[74] und das Etatgesetz als Verwaltungsakt auf die in sonstigen Gesetzen erteilten Einnahmen- oder Ausgabenermächtigungen keinen Einfluß hat[75], gab es für *Laband* bei der Lösung der Probleme einer Haushaltsführung ohne Haushaltsgesetz keine Schwierigkeiten:

Die auf sonstigen Gesetzen beruhenden *Einnahmen* durften auch ohne Haushaltsgesetz erhoben werden[76]. Hinsichtlich der *Ausgaben* differenzierte *Laband* zwischen „*staatsrechtlich notwendigen*" und „*staatsrechtlich willkürlichen*"[77].

Als staatsrechtlich *notwendig* bezeichnete er alle — aber auch *nur* die — Ausgaben, zu deren Leistung die Regierung gesetzlich verpflichtet war. Bezüglich des Rechtes und der Pflicht zur Leistung dieser Ausgaben unterschied er nochmals zwischen notwendigen Ausgaben, die auch ihrer Höhe nach durch sonstige Gesetze festgelegt waren, und solchen, die zwar dem Rechtsgrunde nach bestimmt, in der Höhe aber veränderlich waren und insoweit dem Gesetzgeber einen Spielraum gewährten.

Für die erstgenannten notwendigen Ausgaben sollte das Haushaltsgesetz keinerlei selbständige Bedeutung als Ermächtigungsnorm haben, da sie nach *Labands* Auffassung nur der Vollständigkeit halber in das Haushaltsgesetz aufgenommen wurden und auch ohne dieses Gesetz geleistet werden *mußten*. Die veränderlichen notwendigen Ausgaben durfte die Regierung ebenfalls leisten. Sie sollte aber bei der Rechnungslegung den Nachweis führen, daß die Ausgaben auch nach der Höhe, in der sie geleistet wurden, erforderlich und angemessen waren. Die Schwierigkeiten, die sich für die Regierung bei der Führung dieses

---

[72] Bereits 1861 hatte beispielsweise *Fricker* ZStW Bd. 17 (1861) S. 636—702 den Etat seinem Wesen nach als „Verwaltungsact" bezeichnet (S. 643), dieser aus der „Natur der Sache" (S. 681) gewonnenen Erkenntnis aber gerade ihre Vereinbarkeit mit der preußischen Verfassung abgesprochen (S. 686 ff.).
[73] *Laband* Budgetrecht, S. 19.
[74] *Laband* Staatsrecht, 5. Aufl., S. 540.
[75] *Laband* Staatsrecht, 1. Aufl., S. 370 und 5. Aufl., S. 553.
[76] *Laband* Staatsrecht, 1. Aufl., S. 374 ff. und 5. Aufl., S. 556 f.; zur Behandlung der Matrikularbeiträge und sonstigen Einnahmen siehe *Laband* a.a.O. und Budgetrecht, S. 23 ff.
[77] *Laband* Staatsrecht, 1. Aufl., S. 371—374 und 5. Aufl., S. 553—556; vgl. auch *Bischofswerder* S. 10 ff.

§ 3: Lösungsversuche zur Zeit der Reichsverfassung von 1871   29

Nachweises insbesondere bei fehlendem Kooperationswillen des Reichstages ergeben konnten, sah Laband wohl; allein er glaubte sie dadurch auf ein unerhebliches Maß reduzieren zu können, daß er die Verantwortlichkeit der Regierung nicht anders einstufte „wie bei der Verwaltung auf Grund eines Etatsgesetzes hinsichtlich der *Etatsüberschreitungen*"[78].

Staatsrechtlich *willkürlich* waren für *Laband* die restlichen Ausgaben, zu deren Leistung keine rechtliche Verpflichtung bestand, die ihre Ermächtigung also allein im Haushaltsgesetz fanden. Derartige Ausgaben untersagte Laband der Regierung beim Nichtzustandekommen des Haushaltsgesetzes — es sei denn, ihre Leistung erwies sich im Einzelfall aus zwingenden tatsächlichen Gründen im dringenden Reichsinteresse als unumgänglich. Für den Fall der zulässigen Leistung willkürlicher Ausgaben sollte die Verantwortung der Regierung bei der Rechnungslegung nicht anders sein „wie bei der Verwaltung auf Grund eines Etatsgesetzes hinsichtlich der *außeretatsmäßigen Ausgaben*"[79].

Damit hatte *Laband* ein — wenn auch nicht unangreifbares[80], so doch jedenfalls — in sich geschlossenes Handlungssystem für die Staatsverwaltung ohne Haushaltsgesetz entwickelt. Im Zusammenhang dieser Arbeit verdienen drei Elemente des Labandschen Systems besondere Hervorhebung:

— Auf der Grundlage der Auffassung *Labands* bestand kein Raum für eine Differenzierung zwischen den Rechtsfolgen einer Etat*verzögerung* und denen einer Etat*verweigerung*. Laband sprach in voller Konsequenz seiner Ausführungen zu der Rechtsnatur des Haushaltsgesetzes stets nur von der „Verwaltung ohne Etatsgesetz"[81].

— *Laband* hatte keine Bedenken, in den Fällen, wo sich sein System der härtesten Bewährungsprobe unterziehen mußte, nämlich bei den veränderlichen notwendigen Ausgaben und den willkürlichen Ausgaben, zumindest für die Frage der Verantwortlichkeit der Regierung auf die für Zeiten der Verwaltung *mit* einem Haushaltsgesetz entwickelten Grundsätze bei außeretatmäßigen und etatüberschreitenden Ausgaben zurückzugreifen.

— Nach *Laband* standen die dargelegten Rechte im Falle des Nichtzustandekommens des Haushaltsgesetzes der Regierung automatisch zu; es bedurfte also zur Begründung der Ausgabenermächtigung keines besonderen konstitutiven Aktes irgendeines Staatsorgans. Dennoch hat

---
[78] *Laband* Staatsrecht, 1. Aufl., S. 373 und 5. Aufl., S. 555.
[79] *Laband* Staatsrecht, 1. Aufl., S. 374 und 5. Aufl., S. 556.
[80] Zur Kritik an *Laband* siehe nur: *Birkholz* S. 36 ff. und *Friauf* S. 258 ff.
[81] So auch die Kapitelüberschrift in: Staatsrecht, 5. Aufl., § 130, S. 549 (siehe auch 1. Aufl., § 125, S. 367).

er in den späteren[82] Reichsgesetzen zur Regelung der vorläufigen Haushaltsführung[83], die seine Ausführungen genau zum Maßstab für die gesetzlichen vorläufigen Ermächtigungen an die Reichsregierungen gemacht hatten, eine Bestätigung seiner Lehren gesehen, ohne zu vermerken, daß gerade diese Gesetze nach seiner Lehre eigentlich überflüssig waren[84].

b) Jellinek und von Rönne

Von ihrem Ergebnis her gesehen standen die von *Georg Jellinek*[85] und *Ludwig von Rönne*[86] entwickelten Theorien[87] der von *Anschütz* vertretenen Auffassung am nächsten. Sie entsprachen zudem weitgehend der von der Mehrheit des preußischen Abgeordnetenhauses während des Budgetkonflikts eingenommenen Haltung[88]. Auch für Jellinek war die Aufstellung eines Budgets ihrem Wesen nach kein Akt materieller Gesetzgebung, sondern der Verwaltung[89]. Ebenso wie *Laband* zwischen Gesetzen im formellen und im materiellen Sinne differenzierend, sah er im Haushaltsgesetz formell einen Akt verfassungs- und gesetzmäßig gebundener Gesetzgebung, materiell aber einen „Verwaltungsakt"[90]. Aus dieser Bestimmung der Rechts*natur* des Haushaltsgesetzes zog Jellinek nun aber *keine* Folgerungen für die Rechts*wirkung* desselben. Letztere ergab sich nach seiner Auffassung unmittelbar aus der Verfassung, nach der das Haushaltsgesetz im Kaiserreich als die unabdingbare und durch nichts ersetzbare sowie stets zu erfüllende „Bedingung der Finanzverwaltung" anzusehen gewesen sei. Jedes Weiterführen der staatlichen Finanzwirtschaft ohne Budget war für ihn verfassungswidrig, und zwar sowohl im Konflikts-

---

[82] Gesetze über die vorläufige Haushaltsführung gehörten während des gesamten Kaiserreichs zur Staatspraxis und wurden verfassungsrechtlich nicht beanstandet (vgl.: *Laband* Staatsrecht, 5. Aufl., S. 550 f.); die früheren derartigen Gesetze (Reichsgesetze vom 26. 3. 1877, RGBl. S. 407; vom 30. 3. 1878, RGBl. S. 9; vom 25. 3. 1904, RGBl. S. 145; vom 31. 3. 1906, RGBl. S. 443 und vom 25. 3. 1907, RGBl. S. 83) beschränkten sich aber darauf, den Etat der abgelaufenen Wirtschaftsperiode für einen Monat in die laufende zu erstrecken.

[83] Reichsgesetze vom 31. 3. 1912, RGBl. S. 219; vom 17. 3. 1913, RGBl. S. 137 und vom 26. 3. 1914; RGBl. S. 65.

[84] Vgl. nochmals: *Laband* Staatsrecht, 5. Aufl., S. 557 f.

[85] *Jellinek* Gesetz und Verordnung, 1887.

[86] *von Rönne* S. 591 ff., insbesondere S. 622 ff.

[87] Für einen kritischen Überblick siehe: *Bischofswerder* S. 15 ff. *(von Rönne)* und S. 20 f. *(Jellinek); Friauf* S. 265 ff. *(Jellinek); Karldieter Schmidt* S. 13 ff.

[88] *Bischofswerder* S. 17; *Karldieter Schmidt* S. 14.

[89] *Jellinek* S. 284 f.: „Das Budget ... enthält keine Rechtssätze, sondern Ziffern, sein Zweck ist nicht auf die Abgrenzung von Rechten und Pflichten, sondern auf eine Regulierung der wirthschaftlichen Thätigkeit des Staates gerichtet."

[90] *Jellinek* S. 288.

§ 3: Lösungsversuche zur Zeit der Reichsverfassung von 1871

fall wie auch bei bloßer Verzögerung der Feststellung des Etats[91]. Gerade in der Tatsache, daß eine auch von ihm als notwendig anerkannte Fortführung der Finanzwirtschaft des Staates und der Staatsverwaltung im Falle der Etatverzögerung oder -verweigerung *stets verfassungswidrig* sein sollte, sah er „die Unmöglichkeit der Lösung eines derartigen Falles nach Rechtsregeln"[92].

Von Rönne bemühte sich nicht um eine Klärung der Rechtsnatur des Haushaltsgesetzes und stellte lediglich seine Rechtswirkung fest, die sich nach seiner Auffassung in der Erteilung einer staatsrechtlichen Vollmacht als Verleihung der verfassungsmäßigen Berechtigung an die Staatsregierung zur Leistung der veranschlagten und vereinbarten Ausgaben erschöpfte[93]; mangels anderweitiger verfassungsmäßiger Bestimmung sollte diese Vollmacht *nur* durch das Gesetz über den Staatshaushaltsetat erteilt werden können[94]. Die Lösung eines Budgetkonfliktes war nach von Rönne nur politisch möglich, also zum Beispiel durch Rücktritt der Regierung oder durch Auflösung des Parlaments[95].

Weder *Jellinek* noch *von Rönne* sahen also *rechtliche* Möglichkeiten zur Ausgabentätigung während der Zeit der Etatverzögerung oder Etatverweigerung[96].

Letztlich unterscheiden sich beide von der von *Anschütz* vertretenen Auffassung nur dadurch, daß sie die als notwendig erkannte Weiterführung der Staatswirtschaft auch beim Fehlen eines Haushaltsgesetzes nicht als völlig außerhalb aller Rechtsregeln stehend bezeichneten, sondern sie mit dem Verdikt der „Verfassungswidrigkeit" als einer *rechtlichen* Kategorie belegten; *faktisch* wurde die Entscheidung möglicher Konflikte ebenso wie bei Anschütz in den Bereich politischer Machtverhältnisse verwiesen[97].

c) Haenel und Zorn

Im Gegensatz zu *Laband* und *Jellinek* sahen *Haenel*[98] und *Zorn*[99] im Haushaltsgesetz einen Rechtssatz, also ein Gesetz im materiellen Sinne. Für beide ergab sich der materielle Gesetzesinhalt *zwangsläufig* aus der Form des Haushaltsgesetzes[100].

---

[91] *Jellinek* S. 303—305.
[92] *Jellinek* S. 304.
[93] *von Rönne* S. 633.
[94] *von Rönne* S. 594.
[95] *von Rönne* S. 642.
[96] *Friauf* S. 268 f. sieht diese Auffassung als noch am ehesten mit der konstitutionellen Verfassung vereinbar an.
[97] Vgl. auch: *Friauf* S. 250 f.
[98] *Haenel* S. 234, S. 258 und insbesondere S. 296 ff.
[99] *Zorn* S. 436 ff., insbesondere S. 444.

Trotz der Qualifikation des Haushaltsgesetzes als materielles Gesetz wollte *Haenel* keineswegs die dauernden zu Einnahmen oder Ausgaben ermächtigenden Gesetze unter das Erfordernis jährlicher Erneuerung stellen[101]. Er verneinte ein freies, ungebundenes Bewilligungsrecht als der Verfassung widersprechend[102] und stellte das Haushaltsgesetz als bloß ergänzende, aber notwendige weitere Voraussetzung neben die dauernden Gesetze[103].

Zorn dagegen sah „alle Gesetze, welche dem Staate ständige Einnahmequellen eröffnen und alle Gesetze, welche dem Staate dauernde Ausgabepflichten auferlegen, ... nach der Verfassung in ihrer rechtlichen Existenz bedingt von dem alljährlich zu erlassenden Vollzugsgesetz, welches im Etat liegt"[104]. Da er gleichzeitig annahm, das Haushaltsgesetz habe — wie jedes andere materielle Gesetz — alle früheren Gesetze mit „Rechtskraft" abändern können[105], war es nur konsequent, wenn er dem Reichstag auch beim Haushaltsgesetz vollkommene Freiheit in Bezug auf seine Zustimmung oder Ablehnung einräumte[106].

Ausgehend von diesen in Einzelfragen durchaus unterschiedlichen, im Kernpunkt, der Einstufung des Haushaltsgesetzes als materielles Gesetz nämlich, aber identischen Grundlagen mußten sowohl *Haenel* als auch *Zorn* jede Möglichkeit der Regierung verneinen, rechtmäßigerweise ohne Haushaltsgesetz Ausgaben zu tätigen, oder Einnahmen zu erheben[107]. Die Führung der Finanzverwaltung war für sie, wie sich Haenel ausdrückte, „ohne diesen gesetzlichen Staatshaushaltsetat unter allen Umständen bewußtes und zurechenbares Handeln und darum bewußte und zurechenbare Verfassungswidrigkeit"[108].

Trotz eines völlig anderen Ansatzes kamen beide somit hinsichtlich der Beurteilung der Haushaltsführung ohne Haushaltsgesetz — und zwar ohne Unterscheidung zwischen den Fällen der Etatverzögerung und der Etatverweigerung — letztlich zum gleichen Ergebnis wie *Jellinek* und *von Rönne*. Mit ihrer Klassifikation des vom Parlament verab-

---

[100] *Haenel* S. 354: „Die Form des Gesetzes hat den Rechtssatz zu dem ihr nothwendigen Inhalt"; *Zorn* S. 446: „Der Etat ist demnach, wie die Verfassung sagt, Gesetz und hat alle Wirkungen des Gesetzes."

[101] *Haenel* S. 327.

[102] *Haenel* S. 299.

[103] *Haenel* S. 328: „Das Budgetgesetz ist die oberste, alle gesetzlichen Einzelbestimmungen zusammenordnende und damit ergänzende, verfassungsmäßig nothwendige Ermächtigung für die Finanzverwaltung behufs der Verwendung aller voraussehbaren Einnahmen und behufs der Bewirkung aller voraussehbaren Ausgaben des Etatjahres."

[104] *Zorn* S. 451.

[105] *Zorn* S. 447.

[106] *Zorn* S. 456.

[107] *Haenel* S. 346 ff.; *Zorn* S. 453 ff.

[108] *Haenel* S. 351.

schiedeten Haushaltsgesetzes als *notwendige materielle Grundlage* der gesamten Finanzwirtschaft behaupteten sie allerdings eine noch unbedingtere Abhängigkeit der Regierung vom Parlament, als jene es taten. Zumindest *Zorn*[109] erkannte klar, wie sehr seine haushalts- und insbesondere nothaushaltsrechtlichen Thesen mit den Grundlagen des Verfassungssystems der konstitutionellen Monarchie deutscher Prägung in Widerspruch standen; wegen des „klaren Wortlauts" der Verfassung sah er einen Ausweg aus dieser — wie er meinte — „Absurdität" jedoch nicht in „künstlichen juristischen Konstruktionen", sondern in „einer gesunden Weiterbildung des preußisch-deutschen Finanzrechtes", zu der er — vergleicht man sie mit der tatsächlichen Entwicklung — durchaus beachtliche Vorschläge machte[110].

4. Zusammenfassung

Wie der Überblick gezeigt hat, sahen auch von denjenigen Autoren, welche die Nothaushaltsprobleme als *Rechts*fragen begriffen, nur *Laband* und die Anhänger seiner Lehre die Möglichkeit der Regierung, unter der Reichsverfassung von 1871 trotz Nichtzustandekommens des Haushaltsgesetzes *rechtmäßigerweise* Ausgaben zu leisten. Es ist hier nicht der Ort, auf die Vereinbarkeit der einzelnen Theorien und insbesondere der Labandschen Theorie mit der Reichsverfassung von 1871 einzugehen[111]; *ein* Vorzug der Theorie Labands kann jedoch nicht übersehen werden:

Angesichts der Tatsache, daß budgetloses Regieren offenbar nicht verhindert werden konnte, nahm *Laband* mit der *Umschreibung* der Ausgaben, die ohne Haushaltsgesetz geleistet werden konnten, zugleich eine *Umgrenzung* und *Beschränkung* dieser Ausgaben vor und schützte so das „Recht der Volksvertretung" *praktisch* eher als jene, die bei ihrer Weigerung, Rechtsregeln für den budgetlosen Zustand aufzustellen, zwar eben dieses „Recht der Volksvertretung" in den Vordergrund stellten, tatsächlich aber die Regierung den weiteren Spielraum erschlossen[112].

---

[109] *Zorn* S. 456.
[110] *Zorn* S. 464—466.
[111] Siehe dazu: *Friauf* S. 249 ff. mit zahlreichen Nachweisen.
[112] Insoweit muß *Friaufs* Qualifizierung der Labandschen Budgetlehre als „eindeutig und einseitig gegen die Volksvertretungen" gewandt (S. 258) widersprochen werden.

§ 4: Nothaushaltsregeln zur Zeit der Weimarer Reichsverfassung

1. Die Übernahme bisheriger Lehren

Die Verfassung des Deutschen Reichs vom 11. August 1919[113] bestimmte in Art. 85 II:

„Der Haushaltsplan wird vor Beginn des Rechnungsjahrs durch ein Gesetz festgestellt."

Wiewohl der Weimarer Verfassunggebenden Deutschen Nationalversammlung die vielfältigen Erfahrungen mit Etatverzögerungen im Kaiserreich und das eben doch meist vergebliche Suchen nach Problemlösungen in der Wissenschaft durchaus bekannt waren, konnte sie sich nicht zu der Verankerung irgendwelcher Nothaushaltsregeln in der Reichsverfassung entschließen.

Das Fehlen derartiger Regeln bei weitgehender Übereinstimmung des Art. 85 der Weimarer Reichsverfassung mit den entsprechenden Art. 99 der preußischen Verfassung von 1850 und Art. 69 der Reichsverfassung von 1871 führte die zeitgenössische Literatur häufig zu dem Schluß, für das bisherige wie das geltende Recht seien die wissenschaftlichen Streitfragen in derselben Weise abzuhandeln und zu lösen[114].

Die fundamentalen Änderungen, die das allgemeine Verfassungsrecht nach dem Ersten Weltkrieg erfahren hatte, fanden in der haushaltsrechtlichen Diskussion kaum Widerhall.

So wurde die Tatsache, daß wegen Art. 54 WRV nunmehr im Gegensatz zu früher eine vom Parlament abhängige Reichsregierung die Haushaltswirtschaft und gegebenenfalls auch die Nothaushaltswirtschaft führte, nur selten gewürdigt. Vor diesem Hintergrund verwundert es nicht, daß die im Kaiserreich entwickelten Budgettheorien ohne besondere Berücksichtigung der neuen Verfassungslage weiterlebten, wobei in der Regel allenfalls unerhebliche Modifikationen erfolgten.

Wie die die Diskussion im späten Kaiserreich schließlich beherrschende *Laband*sche Budgettheorie ging auch die herrschende Lehre zur Zeit der Weimarer Reichsverfassung von der Zweiteilung des Gesetzesbegriffes aus und sah im Haushaltsgesetz nur formell ein Gesetz, materiell aber einen Verwaltungsakt[115]. Die vollkommene Anlehnung

---

[113] RGBl. S. 1383.
[114] Siehe nur: *Anschütz* Art. 85, Anm. 5 (S. 435); *Stier-Somlo* S. 683 f.
[115] *Anschütz* Art. 85, Anm. 5 (S. 435); *Giese* Grundriß, S. 148 und Verfassung, Art. 85, Anm. 5 (S. 209); *Kühnemann* S. 21; *Meissner* S. 173; *Stier-Somlo* S. 684; *Thoma* in: HdbDStR Bd. 2, S. 117; a. A. *Heller* VVDStRL 4 (1928) 98 ff. (insbesondere S. 126—129), für den das „Gesetz" *immer* ein materielles Gesetz

§ 4: Nothaushaltsregeln zur Zeit der Weimarer Reichsverfassung   35

dieser Auffassung an das alte Recht wird bei *Anschütz*, dem unter *beiden* Verfassungen hochangesehenen Verfassungsrechtslehrer, am deutlichsten:

„Der Haushaltsplan wird, wie nach altem Recht, aRVerf Art. 69, ‚durch ein Gesetz festgestellt.' Der Sinn dieses Satzes ist derselbe wie früher... Der von der Legislative festgestellte Haushaltsplan, das Haushalts- oder Etatgesetz, ist nur formell ein Gesetz, nicht materiell... Der Haushaltsplan bleibt auch im Gewande des Gesetzes das, was er von Natur aus ist: ein Verwaltungsakt[116]."

2. Eigenständige Budgettheorien

a) Hatschek

Einen neuen Impuls brachte *Hatschek*[117] in die budgetrechtliche Diskussion. Nach seiner Auffassung war „der Reichshaushalt, wie er in Form des Gesetzes publiziert wird, ... ein in die Form des Gesetzes gekleidetes Rechtsgeschäft, welches alljährlich zwischen dem Reichstag und der Reichsregierung abgeschlossen wird und zum Inhalte hat: die parlamentarische Genehmigung für die darin enthaltenen künftig zu machenden Einnahmen und Ausgaben"[118].

Mit dieser Inhaltsbeschränkung des „parlamentarischen Rechtsgeschäftes" auf die Feststellung, daß der Etat vom Standpunkt des *Parlamentsrechts* nicht beanstandet werde[119], näherte sich *Hatschek* allerdings der von ihm heftig bekämpften[120] herrschenden Lehre so weit, daß seine „Wort"-schöpfung des „parlamentarischen Rechtsgeschäftes" letztlich doch wohl eine bloße Umetikettierung war. Dies wird besonders deutlich, wenn er aus seiner Qualifizierung des Haushaltsgesetzes als Rechtsgeschäft folgerte, daß das Haushaltsgesetz kein Gesetz im materiellen Sinne, also kein Rechtssatz (in heutiger Sicht: des Außenrechts) sei und daher auch keine Rechtssätze enthalte, „wie überhaupt ein Rechtsgeschäft keine Rechtssätze begründen... kann"[121].

b) Heckel

Erst die späten Jahre der Weimarer Republik brachten mit der Lehre *Johannes Heckels*[122] den Versuch einer eigenständigen Budgettheorie.

---

ist, und im Anschluß an *Heller* auch *Wenzel* VVDStRL 4 (1928) 136 ff. (insbesondere S. 166 f., Leitsätze 1 und 5).
[116] *Anschütz* Art. 85, Anm. 5 (S. 435).
[117] *Hatschek* Bd. 2, S. 204 ff.
[118] *Hatschek* Bd. 2, S. 213.
[119] *Hatschek* Bd. 2, S. 213.
[120] *Hatschek* Bd. 2, S. 205 ff.
[121] *Hatschek* Bd. 2, S. 217.
[122] Zur Einführung in die Lehre *Johannes Heckels* sei insbesondere auf seine Beiträge im HdbDStR Bd. 2, S. 374 ff. und im AöR NF 12 (1927) 420 ff. (S. 436 ff.) hingewiesen.

Heckel lehnte für das Staatsrecht des Deutschen Reiches nach 1919 eine „demokratische Gewaltenteilung" wegen ihrer Verflechtung mit der rechtsstaatlichen Gewaltenteilung des konstitutionellen Staatsrechts ab; in einem Staat, in dem „der demokratische Gedanke... die Alleinherrschaft errungen" hatte, gab es für ihn nur eine „demokratische Funktionenteilung"[123].

Auf der Grundlage dieser Funktionenteilung zwischen Parlament und Regierung und unter Einbeziehung des Verfahrens der Budgetverabschiedung umschrieb *Johannes Heckel* die Bedeutung des Haushaltsgesetzes zusammenfassend folgendermaßen:

„Es ist ein im Wege der staatsgestaltenden Gesetzgebung erzeugter staatsleitender Gesamtakt der Regierung und des Parlaments; sein Gegenstand ist ein staatliches Gesamtprogramm für die staatliche Wirtschaftsführung und damit zugleich für die Politik des Landes während der Etatperiode, ein Programm, das zur Ausführung durch die Exekutive im Rahmen des exekutiven Gewaltverhältnisses bestimmt ist[124]."

3. Hauptfragen des Nothaushaltsrechts

Im Gegensatz zu dem Einfluß der Haushaltstheorien unter der Reichsverfassung von 1871 war der Einfluß der sog. Budgettheorien — der übernommenen wie der neuen — auf die Lösung konkreter Fragen der Nothaushaltsführung unter der Weimarer Reichsverfassung nur sehr gering[125], wie der nachfolgende Überblick über die beiden wichtigsten der damals diskutierten Nothaushaltsprobleme zeigt[126].

a) Die sog. Nothaushaltsgesetze

Trotz des in Art. 85 II WRV verankerten Grundsatzes der Vorherigkeit des Haushaltsgesetzes gehörten auch in der Weimarer Republik Etatverzögerungen zur nahezu alljährlichen Staatspraxis, denn ledig-

---

[123] *Johannes Heckel* in: HdbDStR Bd. 2. S. 388. Wenn daher *Friauf* (S. 280) ausführt, *Heckel* stelle heraus, „daß es beim Haushaltsplan in Wahrheit allein um eine Frage der ‚demokratischen Gewaltenteilung' gehe", so ist diese Aussage unter Zugrundelegung der Terminologie *Heckels* sachlich nicht haltbar, da dieser an der von *Friauf* herangezogenen Stelle (HdbDStR Bd. 2, S. 388) ausdrücklich feststellt: „Dem gegenwärtigen Staatsrecht des Deutschen Reichs ist eine demokratische Gewaltenteilung ... fremd."

[124] *Johannes Heckel* in: HdbDStR Bd. 2, S. 392.

[125] *Hatschek* sah sich beispielsweise in dem Kapitel „Der sog. Notetat" seines Staatsrechtslehrbuches (Bd. 2, S. 325—331) nicht ein einziges Mal zu einem Rückgriff auf seine grundlegenden Ausführungen zur juristischen Natur des Reichsetats (a.a.O., S. 213—234) veranlaßt.

[126] Gerade bei der Lösung dieser Fragen wird aber etwa die hervorragende Rolle *Johannes Heckels* im Kreise der Haushaltstheoretiker eher deutlich, als bei der Darstellung „seiner" Theorie.

§ 4: Nothaushaltsregeln zur Zeit der Weimarer Reichsverfassung

lich die Haushaltsgesetze für die Jahre 1921, 1926, 1928 und 1931 wurden rechtzeitig verkündet. In den übrigen Jahren behalf man sich im Reich für die Zeit der Etatverzögerung regelmäßig mit Notgesetzen, die als „Gesetz(e) über die vorläufige Haushaltsführung"[127] und im Jahre 1930 als „Nothaushaltsgesetz"[128] bezeichnet wurden.

Diese Praxis der vorläufigen Haushaltsführung ist in der Staatsrechtslehre der Weimarer Zeit nicht ohne Widerspruch geblieben.

So bezeichneten beispielsweise *van Calker*[129], *Giese*[130] und *Stier-Somlo*[131] alle Gesetze über die vorläufige Haushaltsführung als verfassungsrechtlich unzulässig.

Übereinstimmend stützten sie ihre Ablehnung dieser Gesetze auf die durch Art. 85 III WRV festgelegte grundsätzliche Einjährigkeit des Etats, in der sie zugleich das Verbot eines für den Bruchteil eines Jahres bemessenen Etats sahen. Demgegenüber betonten *Heckel*[132], *Neumark*[133] und *Kühnemann*[134] die Zulässigkeit der betreffenden Reichsgesetze.

Dem aus dem Grundsatz der Einjährigkeit des Etats hergeleiteten Gegenargument hielten sie entgegen, daß die Gesetze über die vorläufige Haushaltsführung gar keine Haushaltsgesetze im Sinne von Art. 85 WRV seien, sondern nur in Gesetzesform ausgesprochene vorläufige Zustimmungen des Reichstags dazu, daß die Reichsregierung für einen gewissen Zeitraum und unter gewissen sachlichen Einschränkungen vorbehaltlich der späteren Bewilligung durch das Haushaltsgesetz die Staatswirtschaft führt[135].

Zum Beweis wurde nicht zuletzt darauf verwiesen, daß nur das spätere Haushaltsgesetz selbst die Grundlage der Rechnungslegung bildete und die nach dem „Nothaushaltsgesetz" geleisteten Ausgaben auf die entsprechenden Titel des kommenden Haushalts verrechnet wurden[136].

Heckel schließlich beschränkte sich nicht auf die Negierung von verfassungsrechtlichen Bedenken gegen die „Nothaushaltsgesetze"; nach seiner Auffassung hatten Regierung und Parlament im Falle der Etat-

---
[127] So z. B. das Gesetz vom 26. 3. 1929, RGBl. II S. 161.
[128] Gesetz vom 29. 3. 1930, RGBl. II S. 670.
[129] *van Calker* S. 98.
[130] *Giese* Grundriß, S. 148 und Verfassung, Art. 85, Anm. 4 (S. 208 f.).
[131] *Stier-Somlo* S. 686.
[132] *Johannes Heckel* in: HdbDStR Bd. 2, S. 410 f.
[133] *Neumark* S. 293.
[134] *Kühnemann* S. 79 f.
[135] *Kühnemann* (S. 79) sprach sich daher auch gegen die 1930 gewählte Bezeichnung als „Nothaushaltsgesetz" aus, da diese *selbst Universitätsprofessoren irreführe!*
[136] *Neumark* S. 293; *Kühnemann* S. 80.

verzögerung sogar die *Pflicht*, dem Zweck der Budgetgesetzgebung durch einen staatsrechtlichen Gesamtakt wenigstens so weit zu genügen, wie es die Verhältnisse gestatteten[137].

b) Die Feststellung des Haushaltsplanes durch eine „Notverordnung" des Reichspräsidenten

In der bugdetrechtlichen Diskussion der Weimarer Zeit hatte man selbstverständlich auch den Fall vor Augen, daß — um mit *Johannes Heckel* zu sprechen — „die Verhältnisse" nicht nur kein rechtzeitiges Haushaltsgesetz, sondern auch kein „Nothaushaltsgesetz" gestatteten.

Die Auseinandersetzungen zu dieser Fallgestaltung spitzten sich auf die Frage zu, ob dann auch das Verfahren der Etatgesetzgebung durch eine „Notverordnung" des Reichspräsidenten nach Art. 48 II WRV ersetzt werden konnte.

Namentlich *Carl Schmitt*[138] sah den finanzrechtlichen Vorbehalt des Gesetzes in Art. 85 WRV nicht unbedingt als den Vorbehalt eines *formellen* Gesetzes; er sollte nach seiner Auffassung vielmehr auch durch eine gesetzvertretende Verordnung aufgrund der außerordentlichen Befugnisse gemäß Art. 48 II WRV erfüllt werden können. Für Carl Schmitt paßte der Begriff des *unbedingt formellen* Gesetzes nur in die Verfassungsstruktur der konstitutionellen Monarchie; im demokratischen Staat wollte er den finanzrechtlichen Gesetzesvorbehalt keineswegs als absoluten und unbedingten Vorbehalt auffassen[139].

Die überwiegende Zahl der deutschen Staatsrechtslehrer wandte sich gegen diese Auffassung *Carl Schmitts*[140].

Ihre Argumente fanden bei *Heckel* die prägnanteste Formulierung. Nach seiner Auffassung lag das Haushaltsgesetz des Art. 85 WRV als ein „im Wege der staatsgestaltenden Gesetzgebung erzeugter staatsleitender Gesamtakt der Regierung und des Parlaments", der zugleich ein „Akt des materiellen Verfassungsrechts" war, „außerhalb der Diktatursphäre und der Notverordnungsgewalt"[141].

Der Ersatz des Haushaltsgesetzgebungsverfahrens durch eine Notverordnung hätte für *Heckel* einen „staatsrechtlichen Formenmißbrauch" bedeutet[142].

---

[137] *Johannes Heckel* in: HdbDStR Bd. 2, S. 411.
[138] *Carl Schmitt* S. 122 ff.
[139] *Carl Schmitt* S. 129.
[140] *Anschütz* Art. 48, Anm. 14 b (S. 286 ff.); *Johannes Heckel* in: HdbDStR Bd. 2, S. 392 f. und AöR NF 22 (1932) 257 ff.) insbesondere S. 319 ff., 332 ff.); *Kühnemann* RuPrVBl. 52 (1931) 745 ff.; *Thoma* in: HdbDStR Bd. 2, S. 225.
[141] *Johannes Heckel* AöR NF 22 (1932) 333.
[142] *Johannes Heckel* in: HdbDStR Bd. 2, S. 392.

Aber auch *Heckel* verkannte nicht, daß es „Zeiten budgetrechtlicher Verfassungsstörungen" geben konnte, die „durch mangelnde positive Aktionsfähigkeit des Reichstags verursacht" wurden[143].

Einen derartigen budgetrechtlichen Verfassungsnotstand wollte er dadurch lösen, daß der von der Reichsregierung nach den gewöhnlichen budgetrechtlichen Regeln aufgestellte Haushaltsplan dem Reichsrat mit dem Ziele einer Verständigung vorgelegt und schließlich vom Reichspräsidenten ausgefertigt und verkündet werden sollte[144].

Den Vorteil dieser Lösung gegenüber einer Verabschiedung des Haushaltes nach Art. 48 II WRV sah *Heckel* nicht zuletzt darin, daß bei einem solchen Verfahren einerseits das Ziel demokratischer Legitimierung der Regierung durch den Reichspräsidenten erreicht wurde, andererseits das Vorhandensein eines etatlosen Zustandes unverschleiert blieb und keine der ordentlichen Verabschiedung des Budgets vorgreifende Störung der Funktionenteilung zwischen Regierung, Reichsrat und Parlament erfolgte[145].

4. Nothaushaltsregeln in den Landesverfassungen

Im Gegensatz zur Weimarer Reichsverfassung haben die wenigsten nach 1918 erlassenen Verfassungen der deutschen Länder[146] auf eine ausdrückliche Regelung für die Überbrückung einer etatlosen Zeit verzichtet[147].

Überwiegend wurden die Befugnisse der Regierungen ohne Haushaltsgesetz von Verfassungs wegen genau festgelegt[148] und damit einerseits anerkannt und andererseits begrenzt.

Im wesentlichen gingen alle diese Verfassungsbestimmungen auf die *Labandschen* Nothaushaltsregeln zurück. Von den vielfältigen Unterschieden zwischen den einzelnen Ermächtigungen[149] sei hier nur der

---

[143] *Johannes Heckel* AöR NF 22 (1932) 333.
[144] *Johannes Heckel* AöR NF 22 (1932) 334.
[145] *Johannes Heckel* in: HdbDStR Bd. 2, S. 393.
[146] Eine übersichtliche Zusammenstellung aller Länderverfassungen nebst Daten und Fundstellen nach dem Stande von 1926 findet sich bei *Ruthenberg* Verfassungsgesetze.
[147] Nothaushaltsregeln fehlten nur in den Verfassungen von *Baden, Braunschweig, Hamburg* und *Lübeck*.
[148] Nothaushaltsregeln fanden sich in den Verfassungen von *Anhalt*: § 45 III, *Bayern*: § 80 II, *Bremen*: § 62 II, *Danzig*: Art. 51, *Hessen*: Art. 55, *Lippe*: Art. 47, *Mecklenburg-Schwerin*: § 79 (beschränkt auf die Einnahmen), *Mecklenburg-Strelitz*: § 52, *Oldenburg*: § 85 (beschränkt auf die Einnahmen), *Preußen*: Art. 64, *Sachsen*: Art. 44, *Schaumburg-Lippe*: § 49; *Thüringen*: § 58, *Württemberg*: § 50 (beschränkt auf die Einnahmen).
[149] Siehe dazu: *Neumark* S. 295 ff.

wichtigste hervorgehoben: Während die meisten Verfassungen die vorläufige Ermächtigung der Regierung zeitlich begrenzten, fehlte eine derartige Begrenzung in den Verfassungen von Preußen, Sachsen, Thüringen und Bayern.

Wegen der größten Übereinstimmung mit der heutigen Regelung in Art. 111 GG sei als Beispiel für die Weimarer Landesverfassungsbestimmungen hier der Art. 64 der Verfassung des Freistaates Preußen vom 30. November 1920[150] zitiert:

„Ist bis zum Schlusse eines Rechnungsjahrs der Haushaltsplan für das folgende Jahr nicht durch Gesetz festgestellt, so ist bis zu seinem Inkrafttreten das Staatsministerium ermächtigt:

1. alle Ausgaben zu leisten, die nötig sind,

a) um gesetzlich bestehende Einrichtungen zu erhalten und gesetzlich beschlossene Maßnahmen durchzuführen,

b) um die rechtlich begründeten Verflichtungen des Staates zu erfüllen,

c) um Bauten, Beschaffungen und sonstige Leistungen fortzusetzen, für die durch den Haushaltsplan eines Vorjahrs bereits Beträge bewilligt worden sind, sowie um unter der gleichen Voraussetzung Beihilfen zu Bauten und Beschaffungen oder sonstigen Leistungen weiterzugewähren;

2. Schatzanweisungen bis zur Höhe eines Viertels der Endsumme des abgelaufenen Haushaltsplans für je drei Monate auszugeben, soweit nicht auf besonderem Gesetze beruhende Einnahmen aus Steuern, Abgaben und sonstigen Quellen die Ausgaben unter 1 decken."

Diese Ermächtigung zur vorläufigen Haushaltswirtschaft wurde durch Art. 84 der preußischen Verfassung ergänzt, der bestimmte, daß die bestehenden Steuern und Abgaben bis zu ihrer Änderung oder Aufhebung forterhoben werden.

Die praktische Bewährung dieser preußischen Landesregelung läßt sich heute nicht beurteilen, da ihr Geltungszeitraum für eine abschließende Wertung zu knapp bemessen war, zumal die Erfahrungen aus der Inflationszeit, die einen Großteil der Geltungsdauer einnahm, nicht maßgebend sein können[151].

5. Die Situation im „Dritten Reich"

Mit dem faktischen oder — wie *Ernst Rudolf Huber* in seinem „Verfassungsrecht des Großdeutschen Reiches" meint[152] — auch rechtlichen Ende der Geltungsdauer der Weimarer Reichsverfassung im Jahre 1933 endete auch die historische Entwicklung des Nothaushaltsrechtes bis zum Jahre 1945.

---

[150] GS S. 543.
[151] So schon: *Neumark* S. 296.
[152] *Huber* Verfassungsrecht, S. 46 ff., S. 52.

Wenn ein „Führer" zugleich „Träger der Gesetzgebungsgewalt wie der Exekutivgewalt"[153] ist, verliert das herkömmliche Haushaltsrecht, das eine wie immer geartete Aufspaltung der Gewalten oder der Funktionen[154] voraussetzt, seine Bedeutung[155].

In einer bereits Anfang 1933 erschienenen Schrift vermittelt *Meister* einen treffenden Eindruck von der haushaltsrechtlichen Situation im „Dritten Reich", indem der ausführt: „Wenn die Reichsregierung dem Reichstag in der Zukunft noch einmal das Programm ihres Handelns in Form eines Budgetentwurfes unterbreitet, so ist dies m. E. nichts anderes als eine bloße Höflichkeitsgeste mit der Erlaubnis an den Reichstag dazu äußerlich Stellung nehmen zu dürfen und seine Ansicht darüber zu äußern"[156].

Zu dieser „Höflichkeitsgeste" sah sich die nationalsozialistische Reichsregierung nur zweimal veranlaßt, denn nur 1933 und 1934 wurde der Haushaltsplan im „Dritten Reich" — verspätet — durch Gesetz festgestellt[157].

§ 5: Die Entstehung des Art. 111 GG

1. Der X. Abschnitt des Grundgesetzes

Der mit „Das Finanzwesen" überschriebene X. Abschnitt des Grundgesetzes, der die bundesstaatliche Aufteilung der Finanzhoheit in der Gesetzgebung, Verwaltung und Rechtsprechung, den Finanzausgleich und das Haushaltsrecht regelt, trifft insgesamt Einzelbestimmungen, wie sie allein vom Umfang und den Detailregelungen her gesehen noch keine frühere deutsche Verfassung enthielt. Damit trägt das Grundgesetz der entscheidenden Bedeutung des Finanzwesens für den föderalistischen Staatsaufbau und das Verhältnis zwischen Bund und Ländern Rechnung und macht den X. Abschnitt zum Kernstück der bundesstaatlichen Verfassung[158].

Der Bedeutung des heutigen X. Abschnitts des Grundgesetzes gemäß war die Finanzverfassung Gegenstand langwieriger und teilweise heftig geführter Auseinandersetzungen im Parlamentarischen Rat. Diese Auseinandersetzungen beschränkten sich allerdings im wesentlichen auf den ersten Teil des Abschnitts, also auf die Fassung der Art. 105 a. F. bis 109 a. F. GG.

---

[153] *Huber* Verfassungsrecht, S. 246.
[154] Vgl. *Johannes Heckel* in: HdbDStR Bd. 2, S. 388.
[155] So auch: *Karldieter Schmidt* S. 31 f.
[156] *Meister* S. 258.
[157] Vgl. die Gesetze vom 28. 7. 1933 (RGBl. II S. 489) und vom 23. 3. 1934 (RGBl. II S. 121).
[158] Vgl. *Herzog* JuS 1967, 195.

Dagegen war das Budgetrecht mit Ausnahme des Art. 113 GG niemals Gegenstand grundlegender Meinungsverschiedenheiten[159].

2. Art. 111 GG

Bereits der Herrenchiemseer Verfassungsentwurf enthielt eine Nothaushaltsregelung, indem er den Bestimmungen über den Haushaltsplan in seinem Art. 124 I und II einen Absatz III hinzufügte, der in den Nr. 1 und 2 mit dem heutigen Art. 111 I a und b GG übereinstimmte, und dessen Nr. 3 sich von dem heutigen Art. 111 I c GG nur dadurch unterschied, daß die Regierung zur Leistung von Ausgaben zur Fortsetzung von Bauten usw. nur ermächtigt sein sollte, „sofern durch den Haushaltsplan eines Vorjahres bereits bewilligte Beträge *noch verfügbar*" seien[160]. Eine dem heutigen Art. 111 II GG entsprechende Bestimmung fehlte.

Der Finanzausschuß des Parlamentarischen Rates billigte auf Vorschlag des Berichterstatters, des Abgeordneten *Höpker-Aschoff*, eine Fassung des damaligen Art. 124 III, die inhaltlich voll und ganz dem Art. 64 der preußischen Verfassung von 1920 entsprach[161].

Bezüglich der Ausgabenseite wurde diese Fassung nicht mehr verändert und schließlich in der Formulierung *Höpker-Aschoffs* vom Plenum des Parlamentarischen Rates als Art. 111 I GG angenommen[162].

Die heutige Fassung des Art. 111 II GG geht auf eine Stellungnahme des Rechnungshofes des Deutschen Reiches für die britische Zone zurück, der auch die Zusammenfassung der Nothaushaltsregeln in einem selbständigen Artikel angeregt hatte[163].

Art. 111 ist der einzige Artikel des X. Abschnittes des Grundgesetzes, der von keiner der gerade in diesem Abschnitt zahlreichen Änderungen des Grundgesetzes erfaßt wurde und somit noch heute die Fassung des Parlamentarischen Rates im Beschluß vom 8. Mai 1949 hat[164].

---

[159] *Füsslein* JbÖffR NF 1 (1951) 749.
[160] *Füsslein* JbÖffR NF 1 (1951) 810 f.
[161] *Füsslein* JbÖffR NF 1 (1951) 811.
[162] *Füsslein* JbÖffR NF 1 (1951) 814.
[163] *Füsslein* JbÖffR NF 1 (1951) 811.
[164] Dies ist um so bemerkenswerter, als Art. 111 GG über seine Herkunft aus der preußischen Verfassungstradition unmittelbar auf der Lehre *Labands* beruht, die *Friauf* (S. 258) als „Fremdkörper" in einem parlamentarischen Verfassungssystem bezeichnet. Auch insoweit (siehe schon oben § 3, 4., Fn. 112) erfordert der erste Anschein ein Überdenken der Würdigung, die *Labands* Nothaushaltslehren bei *Friauf* erfahren haben.

§ 6: Überblick: Nothaushaltsregeln in den Landesverfassungen

Alle Bundesländer — mit Ausnahme von *Bremen*[165] — ermächtigen in ihren Landesverfassungen die Landesregierungen kraft ausdrücklicher Bestimmungen zur vorläufigen Haushaltsführung für den Fall der nicht rechtzeitigen Feststellung des Haushaltsplanes[166].

Dabei entsprechen die jeweiligen Verfassungsbestimmungen von *Baden-Württemberg* (Art. 80), *Hessen* (Art. 140), *Niedersachsen* (Art. 50), *Nordrhein-Westfalen* (Art. 82)[167], *Schleswig-Holstein* (Art. 44) und *Berlin* (Art. 77: nur Regelung der Ausgabenwirtschaft) weitgehend dem Art. 111 GG.

Auch der Art. 67 der Verfassung der Freien und Hansestadt *Hamburg* entspricht bezüglich des Umfangs der Ermächtigung dem Art. 111 GG; im Gegensatz zu der Regelung in den vorgenannten Verfassungen wird aber der Senat (die Landesregierung) *nicht unmittelbar* durch die Verfassung ermächtigt, sondern es bedarf grundsätzlich[168] noch eines Ermächtigungsbeschlusses der Bürgerschaft (des Parlaments).

Die Verfassungen von *Bayern* (Art. 78) und *Rheinland-Pfalz* (Art. 116) verzichten auf eine komplizierte Umschreibung der zulässigen „Not"-ausgaben und ermächtigen die Landesregierungen bei nicht rechtzeitigem Zustandekommen des neuen Haushaltsgesetzes, den Haushalt zunächst nach dem Haushaltsplan des Vorjahres weiterzuführen.

Dieser Methode vergleichbar ist das System der vorläufigen Zwölftel, wie es seine Formulierung in Art. 107 der Verfassung des *Saarlandes* gefunden hat. Hier kann die Landesregierung ein Zwölftel des vorjährigen Haushaltsplanes in Einnahme und Ausgabe pro Monat dem neuen Haushalt bis zur Verabschiedung eines ordentlichen Haushaltsgesetzes für das laufende Rechnungsjahr zugrundelegen. Auch hierbei handelt es sich um eine Prorogation des bisherigen Haushaltsplans, wobei die Möglichkeit ausgeschlossen wird, binnen kurzer Zeit Gelder bis zur Gesamthöhe des vorhergehenden Budgets zu verausgaben.

---

[165] Eine dem Art. 111 GG entsprechende Ermächtigung findet sich aber in § 117 der bremischen Landeshaushaltsordnung.
[166] Siehe die Übersicht bei *Piduch* Art. 111 GG, Anhang.
[167] Dem Art. 82 der Verfassung von *Nordrhein-Westfalen* kommt insoweit eine besondere Stellung zu, als er auch bezüglich der Einnahmenseite (hier: „Schatzanweisungen") eine Übernahme des Art. 64 der preußischen Verfassung von 1920 darstellt.
[168] Siehe aber auch Art. 67 II der hamburgischen Verfassung!

2. Abschnitt

Sachliche Grenzen der Ermächtigung zur vorläufigen Haushaltsführung

Die Feststellung der sachlichen Grenzen der Ermächtigung der Bundesregierung zur vorläufigen Haushaltsführung durch Art. 111 GG bedeutet Auslegung des Verfassungstextes, also der einzelnen Begriffe in Art. 111 GG, welche die von Verfassungs wegen zulässigen Ausgaben und Einnahmen während der Dauer der vorläufigen Haushaltsführung umschreiben. Wegen des weitgehenden Fehlens einer *inhaltlichen* Erörterung des heutigen Art. 111 GG im Parlamentarischen Rat[1] geht der aus den Beratungen *erkennbare* Wille des historischen Verfassunggebers kaum über das Bestreben hinaus, die jahrzehntelange Diskussion darüber zu beenden, ob die Regierung *überhaupt* ermächtigt ist, bis zur gesetzlichen Feststellung des Haushaltsplanes den Haushalt weiterzuführen.

Diese Diskussion hat die Aufnahme des Art. 111 in die Bundesverfassung für das Verfassungsleben der Bundesrepublik Deutschland in der Tat beendet und unmißverständlich entschieden.

Es entspräche jedoch einer allzu verkürzten Betrachtungsweise, wollte man die verfassungsrechtliche und verfassungspolitische Bedeutung des Art. 111 GG in der Beendigung des Streites um das „Ob" einer vorläufigen Haushaltsführung erschöpft sehen[2], oder auch nur den Schwerpunkt dieser Bedeutung hier ansiedeln[3], denn die Vorschrift regelt ebenso das „Wie" der vorläufigen Haushaltsführung.

Bezüglich des „Wie" — d. h. der *sachlichen* Grenzen — der vorläufigen Haushaltsführung ist aber ein über den Wortlaut der Vorschrift hinaus als Auslegungshilfe brauchbarer Wille des historischen Verfassunggebers mangels hinreichender Artikulation nicht eindeutig erkennbar. Allein schon deshalb müssen objektiv-teleologische Kriterien bei der Auslegung des Verfassungstextes den Ausschlag geben[4], wobei allerdings bei einer so der Verfassungstradition verpflichteten Norm

---

[1] Siehe oben § 5, 2.
[2] So aber: *Henrichs* Diss., S. 198.
[3] So aber: *Piduch* Art. 111 GG, Anm. 1.
[4] Vgl. *Larenz* S. 322.

wie Art. 111 GG eben dieser Verfassungstradition und ihrem von mannigfaltigem Streit geprägten Wachsen eine beachtliche Bedeutung zukommt.

Die einzelnen Begriffe in Art. 111 GG als sachliche Grenzen der Ermächtigung im Sinne einer teleologischen Interpretation *sinnvoll* aufzufassen, heißt, sie so zu verstehen, wie sie im Hinblick auf den Zweck des Art. 111 GG, auf die mit ihm angestrebten Lösungen verstanden werden müssen[5].

Es gilt also, zunächst den verfassungspolitischen Zweck, die verfassungspolitischen Ziele des Art. 111 GG offenzulegen.

§ 7: Die verfassungspolitischen Ziele des Art. 111 GG

Art. 111 GG will keineswegs den in Art. 110 II GG verankerten „klassischen"[6] Haushalts-Grundsatz der Vorherigkeit des Haushaltsplanes in Frage stellen. Auch soll das parlamentarische Budgetrecht, das im Grundgesetz seinen Ausdruck außer in der Prüfung der Haushalts- und Wirtschaftsführung und der Entlastung der Bundesregierung aufgrund der Rechnungslegung gemäß Art. 114 I GG vor allem in der *vorherigen* Beratung und Beschlußfassung über den Haushalt gefunden hat, grundsätzlich nicht angetastet werden.

Angesichts einer verfassungsgeschichtlichen Entwicklung, nach der trotz steter Fixierung des Grundsatzes der Vorherigkeit zumindest die Etat*verzögerung* praktisch zur Regel geworden ist, „rechnet"[7] Art. 111 GG lediglich mit der Überschreitung der in Art. 110 II GG gesetzten Frist. Hinter Art. 111 GG steht die geschichtlich gewachsene Erfahrung, daß unter allen vergangenen Verfassungssystemen *jede* der sog. parlamentarischen Budgethoheit unterworfene Staatsregierung ohne Rücksicht auf eine verfassungsdogmatische Grundlegung oder Verdammung auch ohne Etat Ausgaben geleistet und eine vorläufige Haushaltswirtschaft geführt hat.

Erstes Ziel des Art. 111 GG ist es daher, der Bundesregierung für den Fall des durch wen auch immer verursachten Verstoßes gegen Art. 110 II GG die Aufrechterhaltung einer notwendigen Ausgabenwirtschaft *rechtlich* zu ermöglichen. Dabei dienen die einzelnen Ermächtigungen des Art. 111 GG gleichsam als Planersatz. Aber auch eine zweite historische Erfahrung steht hinter Art. 111 GG. Nicht zuletzt der preußische Budgetkonflikt hat gezeigt, daß die Gefahr eines Einbruchs in das par-

---

[5] Vgl. *Larenz* S. 312.
[6] *Piduch* Art. 110 GG, Anm. 17, 18.
[7] *Maunz* in: MDH, Art. 111, Rdn. 1.

lamentarische Budgetrecht dann am größten ist, wenn für das durch keine Verbote und keine Absagen an verfassungsrechtliche Nothaushaltsbestimmungen zu verhindernde Wirtschaften ohne Etat beim Verstoß gegen den Vorherigkeitsgrundsatz keine Regeln bestehen. Die Reglementierung der Befugnisse der Regierung ohne Haushaltsgesetz hat daher neben der Gewährleistung einer kontinuierlichen Haushaltswirtschaft den Zweck, einen heilsamen Zwang auf alle Verantwortlichen zur alsbaldigen Verabschiedung des Haushaltsgesetzes auszuüben.

Verfassungspolitische Ziele des Art. 111 GG sind also die Aufrechterhaltung einer notwendigen Ausgabenwirtschaft einerseits, andererseits der Zwang zur alsbaldigen Verabschiedung des Haushaltsgesetzes.

Beide Ziele stehen sich im Grunde genommen entgegen. Der Aufrechterhaltung der Ausgabenwirtschaft dient eine weite Interpretation des Art. 111 GG besser; der Zwang zur raschen Verabschiedung des Haushaltsgesetzes wird indes um so stärker, je mehr durch eine enge Interpretation der Handlungsspielraum der Regierung bei jeder ausgabenrelevanten staatlichen Tätigkeit möglichst eingeengt wird.

Bei der Auslegung des Art. 111 GG müssen daher stets beide Ziele beachtet werden. *Sinnvoll* ist nur eine Interpretation, die bei jedem Textbestandteil prüft, welches Ziel im Vordergrund steht, und die dann die Grenzen aus der jeweils anderen Zielsetzung beachtet[8].

§ 8: Die Ausgabenermächtigung des Art. 111 I GG

1. Überblick[9]

Sachlich begrenzt Art. 111 I GG die Ermächtigung der Bundesregierung zur vorläufigen Haushaltsführung dergestalt, daß nur Ausgaben geleistet werden dürfen, die nötig sind, um
— gesetzlich bestehende Einrichtungen zu erhalten und gesetzlich beschlossene Maßnahmen durchzuführen (Art. 111 I a GG),
— die rechtlich begründeten Verpflichtungen des Bundes zu erfüllen (Art. 111 I b GG),
— Bauten, Beschaffungen und sonstige Leistungen fortzusetzen oder Beihilfen für diese Zwecke weiter zu gewähren, sofern durch den Haushaltsplan eines Vorjahres bereits Beträge bewilligt worden sind (Art. 111 I c GG).

---
[8] Zur Interpretation des Art. 111 GG siehe den Beschluß des Großen Senats des Bundesrechnungshofes (Anhang) sub II Sätze 1—4 und *Maunz* in: MDH, Art. 111, Rdn. 6.
[9] Einen Überblick und ersten Einblick in strittige Fragen gewährt der Beschluß des Großen Senats des Bundesrechnungshofes (Anhang) sub II.

Gemessen an dem Spektrum „normaler" staatlicher Ausgabenwirtschaft bringt bereits der Wortlaut des Art. 111 I GG die Vorläufigkeit der hier gegebenen Ermächtigungen augenfällig zum Ausdruck[10].

Ebenso deutlich wird der Bezug zur *Labandschen* Einteilung der Ausgaben in „staatsrechtlich notwendige" und „staatsrechtlich willkürliche". Die „notwendigen" Ausgaben, zu deren Leistung eine wie auch immer geartete gesetzliche Verpflichtung besteht, sind in Art. 111 I a und b GG zusammengefaßt; die zulässigen sonstigen, also im Sinne Labands „willkürlichen" Ausgaben, die ihre Grundlage regelmäßig nur im Haushaltsgesetz finden, zählt Art. 111 I c GG auf.

Obwohl also die einzelnen Merkmale des Art. 111 I GG einer langen, an Prüfsteinen reichen verfassungsrechtlichen Tradition entstammen, lassen dennoch Begriffe wie zum Beispiel „Fortsetzung von Bauten, Beschaffungen", „Beihilfen" oder „beschlossene Maßnahmen" die Grenzen der Ermächtigung im einzelnen nach wie vor fließend erscheinen[11]. Kaum einer der Begriffe, mit denen Art. 111 I GG die zulässigen Ausgaben umschreibt, ist hinsichtlich seiner Reichweite dem wissenschaftlichen Streit entzogen. Eine völlig übereinstimmende Auslegung erfährt in der Literatur lediglich das allen nach Art. 111 I GG zulässigen Ausgaben gemeinsame Merkmal der Notwendigkeit. Danach sind diejenigen Ausgaben „nötig", die sachlich notwendig, zeitlich unaufschiebbar und zur Zweckerreichung geeignet sind[12].

2. Art. 111 I a GG, Art. 111 I b GG und das Verhältnis zwischen beiden Bestimmungen

Nach Art. 111 I a GG darf die Bundesregierung Ausgaben leisten zur Erhaltung gesetzlich bestehender Einrichtungen und zur Durchführung gesetzlich beschlossener Maßnahmen; nach Art. 111 I b GG ist sie ermächtigt, die rechtlich begründeten Verpflichtungen des Bundes zu erfüllen.

Gesetzlich bestehende Einrichtungen sind alle Einrichtungen, die durch Gesetz oder aufgrund eines Gesetzes geschaffen sind, also letztlich in einem Gesetz die Grundlage ihres Bestandes haben[13]. Hierunter können zum Beispiel Behörden, Gerichte, Institute, Verbände, Bauanlagen, Gerätelager und Werkstätten fallen, d. h. Einrichtungen verschiedenster Art.

---

[10] *Piduch* Art. 111 GG, Anm. 8 (sub b).
[11] Zu Recht heben *Maunz* (in: MDH, Art. 111, Rdn. 6) und *Piduch* (Art. 111 GG, Anm. 8 sub b, Anm. 10) hervor, daß bei der Interpretation derart unscharfe Merkmale in besonderem Maße die naheliegende Gefahr einer Pressung von Begriffen tunlichst vermieden werden muß.
[12] *Maunz* in: MDH, Art. 111, Rdn. 9; *Piduch* Art. 111 GG, Anm. 10; *Vialon* Art. 111 GG, Anm. 8 (S. 212).
[13] *Maunz* in: MDH, Art. 111, Rdn. 5; *Piduch* Art. 111 GG, Anm. 11.

Auch die bloße Zulassung einer Einrichtung im vorangegangenen Haushaltsgesetz erfüllt das Merkmal „gesetzlich bestehend"[14]. Letzteres bewirkt die Einbeziehung auch durch reinen Organisationserlaß in früheren Haushaltsjahren geschaffener Einrichtungen[15].

Der *Erhaltung* dient nur die Ausstattung mit Personal und Gerät, deren Zweck es ist, die Einrichtung am Leben zu erhalten, sie also mit den Mitteln zu versehen, welche die im Vorjahr gebilligte Normalausstattung bestehen lassen[16].

Bezüglich des Merkmals *Durchführung gesetzlich beschlossener Maßnahmen* hat die Kommentarliteratur zu Art. 111 GG erhebliche Schwierigkeiten, was die Abgrenzung zu Art. 111 I b GG betrifft.

Maunz[17] rechnet zu den „gesetzlich beschlossenen Maßnahmen" die Maßnahmen, auf die ein Rechtsanspruch des Empfängers besteht, also zum Beispiel die Durchführung eines Beamtenbesoldungsgesetzes.

Nun gehört aber die Erfüllung gegen den Bund gerichteter, gerichtlich einklagbarer oder sonst rechtlich durchsetzbarer Ansprüche Dritter nach einhelliger Auffassung[18] zu den nach Art. 111 I b GG zulässigen Ausgaben.

Daher will *Piduch*[19] alle Maßnahmen, die rechtliche Verpflichtungen begründen, aus dem Anwendungsbereich des Art. 111 I a GG ausklammern und ausschließlich Art. 111 I b GG zuordnen. Nach seiner Auffassung fiele also die Durchführung eines Beamtenbesoldungsgesetzes unter Art. 111 I b GG und gerade nicht unter Art. 111 I a GG[20].

Bei Lichte besehen ist dieser Sreit müßig, denn unbestrittenermaßen bedeutet die Reihenfolge der in Art. 111 I a-c GG normierten Ausgabenermächtigungen keine Rangordnung[21]. Die umschriebenen Ausgaben sind nebeneinander und unabhängig voneinander zulässig[22].

---

[14] *Maunz* in: MDH, Art. 111, Rdn. 5.

[15] Insoweit geht die Kritik *Sasses* (JZ 1973, 190, Fn. 9) an der Formulierung des Art. 111 I a GG fehl, wenn er meint, allen durch bloßen Organisationserlaß geschaffenen Einrichtungen müßten im Falle der Etatverzögerung „genau genommen" die Betriebsmittel sofort gesperrt werden; siehe auch den Beschluß des Großen Senats des Bundesrechnungshofes (Anhang) sub II 1, nach dem Art. 111 I a GG alle *ordnungsgemäß errichteten* Einrichtungen der Staatsverwaltung umfaßt.

[16] *Vialon* Art. 111 GG, Anm. 8 (S. 212 f.); ebenso: Beschluß des Großen Senats des Bundesrechnungshofes (Anhang) sub II 1.

[17] *Maunz* in: MDH, Art. 111, Rdn. 5.

[18] *Piduch* Art. 11 GG, Anm. 13; *Karldieter Schmidt* S. 57; *Vialon* Art. 111 GG, Anm. 8 (S. 213) und *Maunz* selbst (!) in: MDH, Art. 111, Rdn. 5.

[19] *Piduch* Art. 111 GG, Anm. 12, 13; ebenso: *Karldieter Schmidt* S. 57.

[20] *Vialon* Art. 111 GG, Anm. 8 (S. 213) differenziert zwischen der Durchführung eines Besoldungserhöhungsgesetzes, die er Art. 111 I a GG zuordnet, und der Erfüllung von Besoldungsansprüchen, die er Art. 111 I b GG zuordnet.

[21] Siehe nur: *Piduch* Art. 111 GG, Anm. 15; *Karldieter Schmidt* S. 54; *Vialon* Art. 111 GG, Anm. 7 (S. 212).

[22] *Vialon* Art. 111 GG, Anm. 7 (S. 212).

Beide Ausgabenermächtigungen, also diejenige nach Art. 111 I a GG ebenso wie die nach Art. 111 I b GG, sind gleichermaßen dahingehend begrenzt, daß sie es nicht zulassen, Bürgschaften, Garantien und sonstige Gewährleistungen oder Sicherheitsleistungen zu übernehmen oder aber zum Beispiel neue Planstellen zu schaffen[23].

Daher bedarf es keiner scharfen Abgrenzung zwischen beiden Ermächtigungen; vielmehr muß festgehalten werden, daß sich Ausgaben für rechtlich begründete Verpflichtungen im Sinne von Art. 111 I b GG im Einzelfall mit Ausgaben nach Art. 111 I a GG überschneiden können, falls dort ebenfalls rechtlich begründete Ansprüche gegen den Bund bestehen[24].

3. Erweiterung des Anwendungsbereiches von Art. 111 I b GG durch Art. 109 II GG?

a) *Ausgangslage*

Wesentlich problematischer als alle „Rangstreitigkeiten" und die Klärung einzelner Begriffe in Art. 111 I a GG ist die überwiegend vorgenommene Beschränkung der „rechtlich begründeten Verpflichtungen des Bundes" im Sinne von Art. 111 I b GG auf Verpflichtungen, mit denen Ansprüche gegen den Bund korrespondieren[25]. Lediglich *Piduch*[26] will dem Art. 111 I b GG auch „sonst rechtlich zwingende Verpflichtungen" zuordnen, ohne allerdings anzudeuten, was er darunter versteht, oder Beispiele zu bringen.

b) *Art. 109 II GG und seine Konkretisierung im StabilitätsG*

Ihre — von wenigen Bemerkungen *Feuchtes*[27] abgesehen — von der Lehre bisher völlig übersehene Brisanz und enorme praktische Tragweite hat die Frage in erster Linie durch die Neufassung des Art. 109 GG im Jahre 1967[28] erfahren, der nunmehr in Absatz II bestimmt:

---

[23] *Maunz* in: MDH, Art. 111, Rdn. 7; *Klein* in: SBK, Art. 111, Rdn. 4.
[24] Ebenso: *Karehnke* DÖH 1971, 202.
[25] Siehe nur: *Maunz* in: MDH, Art. 111, Rdn. 5; *Karldieter Schmidt* S. 57 f. (mit der ausdrücklichen Erweiterung auf Ansprüche aus völkerrechtlichen Verträgen); *Vialon* Art. 111 GG, Anm. 8 (S. 213) schränkt die Bedeutung des Art. 111 I b GG noch weiter ein, indem er als „Verpflichtungen" nur solche Forderungen gegen den Bund anerkennt, die Gegenstand eines zivilen oder Verwaltungsrechtsstreits gegen ihn sein können.
[26] *Piduch* Art. 111 GG, Anm. 13.
[27] *Feuchte* AöR 97 (1972) 558 ff.
[28] Der früher nur aus dem heutigen Abs. I bestehende Art. 109 GG wurde durch das 15. Gesetz zur Änderung des Grundgesetzes vom 8. 6. 1967 (BGBl. I S. 581) um die Absätze II—IV ergänzt; Abs. III erfuhr eine Neufassung durch das 20. Gesetz zur Änderung des Grundgesetzes vom 12. 5. 1969 (BGBl I S. 357).

„Bund und Länder haben bei ihrer Haushaltswirtschaft den Erfordernissen des gesamtwirtschaftlichen Gleichgewichts Rechnung zu tragen."

Dem gesamtwirtschaftlichen Gleichgewicht Rechnung zu tragen, ist der Bund also von Verfassungs wegen *verpflichtet*. Art. 109 II GG ist kein Programmsatz oder eine unverbindliche Empfehlung. Er statuiert vielmehr *eine unmittelbare rechtliche Verpflichtung des Bundes* (und der Länder)[29].

Diese Verpflichtung wird durch das gleichzeitig mit der (ersten) Änderung des Art. 109 GG in Ausfüllung der Bundeskompetenz nach Art. 109 III GG („Grundsätze für eine konjunkturgerechte Haushaltswirtschaft") verabschiedete „Gesetz zur Förderung der Stabilität und des Wachstums der Wirtschaft vom 8. Juni 1967"[30] konkretisiert.

§ 1 Satz 1 StabilitätsG greift die gesamtwirtschaftliche Zielsetzung des Art. 109 II GG auf; in § 1 Satz 2 StabilitätsG sind vier Teilziele formuliert (sog. „magisches Viereck"), die zur Erreichung des gesamtwirtschaftlichen Globalziels beitragen[31]. Als wesentliches Mittel zur Verwirklichung dieser Ziele kommt eine antizyklische Haushaltspolitik in Betracht[32], wozu das StablilitätsG insbesondere in den §§ 5 und 6 die Instrumente zur Verfügung stellt.

§ 5 StabilitätsG gilt für den Zeitpunkt der Aufstellung des Haushaltsplans; er sichert also die Verwirklichung einer antizyklischen Haushaltswirtschaft durch eine konjunkturgerechte Ausgabenpolitik bei der Haushalts*aufstellung*[33].

§ 6 StabilitätsG erlaubt es hingegen der Bundesregierung, bei der Haushalts*führung* gemäß der Verpflichtung des Art. 109 II GG die Haushaltswirtschaft den Erfordernissen des gesamtwirtschaftlichen Gleichgewichts entsprechend zu gestalten.

Während nun § 6 I StabilitätsG seinem Wortlaut nach die Existenz eines Bundeshaushaltsplans voraussetzt und außerdem bei konjunkturellen Erhitzungserscheinungen der Regierung die Möglichkeit eröffnen will, bestimmte Ausgaben gerade *nicht* zu leisten, fordert § 6 II

---

[29] *Möller* Art. 109 GG, Rdn. 8 (S. 63); *Piduch* Art. 109 GG, Anm. 19; *Stern/Münch/Hansmeyer* Art. 109 GG, Anm. A III 3 (S. 104); *Vogel/Wiebel* in: Bonner Kommentar, Art. 109, Rdn. 69.
[30] BGBl. I S. 582.
[31] Zu dem früheren Streit über das Verhältnis des Globalzieles des Art. 109 II GG zu den Teilzielen in § 1 StabilitätsG (vgl. nur: *Möller* Art. 109 GG, Rdn. 10, S. 64) siehe nunmehr: *Stern/Münch/Hansmeyer* Art. 109 GG, Anm. B II 1 (S. 116) bei Fn. 82.
[32] *Möller* Art. 109 GG, Rdn. 8 (S. 63).
[33] *Möller* § 5, Rdn. 2; *Stern/Münch/Hansmeyer* § 5, Anm. III 1.

StabilitätsG zumindest nicht ausdrücklich ein verabschiedetes Haushaltsgesetz[34], denn § 6 II 1, 1. Halbsatz StabilitätsG lautet nur:

„Die Bundesregierung kann bestimmen, daß bei einer die Ziele des § 1 gefährdenden Abschwächung der allgemeinen Wirtschaftstätigkeit zusätzliche Ausgaben geleistet werden."

c) Fragestellung

Die entscheidende Frage stellt sich nun dahin, ob auch die Pflicht aus Art. 109 GG, die sich in Verbindung mit und unter den Voraussetzungen von §§ 1, 6 II StabilitätsG zur Pflicht, Ausgaben zu tätigen, konkretisiert, eine „rechtlich begründete Verpflichtung" im Sinne von Art. 111 I b GG ist, ob die Bundesregierung also auch während der Zeit der vorläufigen Haushaltsführung bei einer Gefährdung des gesamtwirtschaftlichen Gleichgewichts durch Abschwächung der allgemeinen Wirtschaftstätigkeit „zusätzliche" konjunkturfördernde Ausgaben leisten darf.

d) Haltung der Bundesregierung 1972

Die Bundesregierung hat diese Frage im Jahre 1972 wohl bejaht, indem sie bereits in ihrem Jahreswirtschaftsbericht vom 31. 1. 1972 unter der Überschrift „*Konjunktur- und finanzpolitische Strategie für 1972*" erklärte:

„Die vorläufige Haushaltsführung wird so gestaltet, daß sie der angemessenen Stützung der allgemeinen Nachfrage dient[35]."

Auch im Rahmen des Art. 111 GG sah sich die Bundesregierung damit in der Lage, den gesamtwirtschaftlichen Bedürfnissen zu entsprechen[36].

e) Stellungnahme

Da der Pflicht des Bundes aus Art. 109 II GG und ihrer Operationalisierung in § 6 II StabilitätsG keine Ansprüche — etwa der Partner der konzertierten Aktion — gegenüberstehen[37], wird sie von Art. 111 I b GG nur dann erfaßt, wenn man einer *weiten* Auslegung dieser Bestimmung im Sinne der Andeutung *Piduchs*[38] den Vorzug gibt.

Weder der Wortlaut des Art. 111 I b GG noch der Wortlaut des Art. 109 II GG sprechen dafür, die Rechtspflicht des Bundes, den Erforder-

---

[34] Vgl. *Feuchte* AöR 97 (1972) 560.
[35] Jahreswirtschaftsbericht 1972 der Bundesregierung, Bundesrats-Drucksache 29/72, S. 25, Nr. 52 (3) Ziffer 1.
[36] Siehe auch: *Feuchte* AöR 97 (1972) 558.
[37] Zweifelnd: *Feuchte* AöR 97 (1972) 559.
[38] Siehe oben a bei Fn. 26.

nissen des gesamtwirtschaftlichen Gleichgewichts Rechnung zu tragen, aus den rechtlich begründeten Verpflichtungen des Bundes im Sinne von Art. 111 I b GG auszuklammern. Schon rein sprachlich gesehen sind auch diejenigen Pflichten „Verpflichtungen", auf deren Erfüllung niemand ein subjektives Recht hat. Auch schließt die Formulierung, daß die Verpflichtungen „rechtlich begründet" sein müssen, unmittelbar auf der Verfassung beruhende Pflichten keineswegs aus[39]. Schließlich beschränkt auch die Formulierung „bei ihrer Haushaltswirtschaft" in Art. 109 II GG den Bund (und die Länder) nicht darauf, das gesamtwirtschaftliche Gleichgewicht nur bei Maßnahmen im Zusammenhang mit dem Haushaltsplan, d. h. bei seiner Schaffung und seinem Vollzug, zu beachten. „Haushaltswirtschaft" ist vom Wortlaut her gesehen auch die *vorläufige Haushaltsführung*[40].

Das Ergebnis der *Wortinterpretation* von Art. 109 II GG und Art. 111 I b GG ist in der Tat geeignet, dem *einen* verfassungspolitischen Ziel des Art. 111 GG, der Aufrechterhaltung einer notwendigen Ausgabenwirtschaft und damit aller für bedeutsam erkannten Staatsfunktionen, in vollem Umfang gerecht zu werden. Gerade angesichts der nach den bisherigen Erfahrungen einen beachtlichen Teil der Haushaltsjahre umfassenden Zeitspannen der vorläufigen Haushaltsführung und dem großen Optimismus, den man den Möglichkeiten einer volkswirtschaftlichen Globalsteuerung über die Haushaltspolitik der öffentlichen Hände entgegenbringt[41], müßte es verfassungspolitisch bedenklich erscheinen, wenn der Bundesregierung nicht zu jedem Zeitpunkt das gesamte Instrumentarium der Konjunkturpolitik zur Bewältigung der sich rasch ändernden konjunkturpolitischen Erfordernisse zur Verfügung stünde. Dies gilt um so mehr, wenn man auch die Auswirkungen aller konjunkturpolitischen Maßnahmen des Bundes auf die konjunkturwirksame Ausgabenpolitik der Länder und Gemeinden mit in die Überlegungen einbezieht.

Von derartigen wirtschaftspolitischen Erwägungen ausgehend kann eigentlich der vorsichtig formulierten These *Feuchtes*[42], eine Auslegung, die Pflichten aus dem Grundgesetz und dem StabilitätsG als „rechtlich begründete Verpflichtungen" im Sinne des Art. 111 I b GG auffasse,

---

[39] Die Literatur ist sich darin einig, daß es gleichgültig ist, auf welchem Rechtsgrund die „Verpflichtungen" gemäß Art. 111 I b GG beruhen (für alle: *Piduch* Art. 111 GG, Anm. 13).

[40] *Piduch* (Art. 109 GG, Anm. 26) stellt ausdrücklich fest, daß Art. 109 II GG bei allen finanzwirtschaftlichen Maßnahmen zu beachten ist, also auch bei denen, die sich außerhalb des Haushaltsplanes vollziehen.

[41] *Feuchte* AöR 97 (1972) 557; zu den Erwartungen, die man mit der Änderung des Art. 109 GG und der Schaffung des StabilitätsG verband, siehe die Darstellung der Entstehungsgeschichte des StabilitätsG bei *Stern/Münch/Hansmeyer* Einführung, S. 31. ff.

[42] *Feuchte* AöR 97 (1972) 559.

könne nicht leicht verworfen werden, die Zustimmung kaum versagt werden, zumal dann auch der § 8 I StabilitätsG mit seinen Bestimmungen über die Beteiligung von Bundestag und Bundesrat *entsprechende* Anwendung finden müßte, der geeignet scheinen mag, die Beeinträchtigung der Rechte des Parlaments auf ein Minimum zu reduzieren.

Gerade § 8 I StabilitätsG, der einerseits gemäß seiner Funktion auch bei Ausgaben nach § 6 II StabilitätsG in Zeiten vorläufiger Haushaltswirtschaft beachtet werden müßte, andererseits wegen seines auf die Existenz eines Bundeshaushaltsplans bezogenen Wortlauts aber eben nur *entsprechende* Anwendung finden könnte, muß aber sogar ohne Rekurs auf das starke Argument aus seiner Wortwahl erste Zweifel daran erwecken, ob die bisher vorgetragenen Überlegungen wirklich zwingend sind.

Wenn nämlich § 8 I StabilitätsG „zusätzliche Ausgaben" nach § 6 II StabilitätsG von der Zustimmung des Bundestages abhängig macht und zudem die Beteiligung des Bundesrates vorschreibt, wenn also konjunkturpolitische Zusatzausgaben stets nur bei Übereinstimmung von Regierung und Parlament (und unter Mitwirkung des Bundesrates) möglich sind, dann stehen diese Zusatzausgaben zumindest für die Zeiten vorläufiger Haushaltsführung, wo das nicht rechtzeitige Zustandekommen des Haushaltsgesetzes auf Meinungsverschiedenheiten zwischen Regierung und Parlament beruht, ohnehin nicht als konjunkturpolitische Steuerungsinstrumente zur Verfügung. Letztlich würde also auch eine *weite* Interpretation des Art. 111 I b GG nicht zur lückenlosen Entfaltung des konjunkturpolitischen Instrumentariums für das gesamte Haushaltsjahr führen.

Angesichts dieser Erkenntnis braucht das beachtliche Argument, bereits das Wort „zusätzlich" in § 6 II StabilitätsG schließe eine Anwendung der Vorschrift in Zeiten ohne Haushaltsplan aus[43], gar nicht erst herangezogen zu werden.

Man muß vielmehr fragen, ob die nicht einmal umfassende Gewährleistung der Berücksichtigung wirtschaftspolitischer Erfordernisse, die eine *weite* Auslegung von Art. 111 I b GG mit sich brächte, den Preis rechtfertigte, mit dem sie erkauft wäre.

---

[43] *Piduch* (Art. 111 GG, Anm. 2) jedenfalls genügen offenbar die aus der Wortwahl der §§ 6 II, 8 I StabilitätsG fließenden Argumente gegen einen Rückgriff auf § 6 II StabilitätsG während der Zeit der vorläufigen Haushaltsführung, wenn er das Verfahren nach dem StabilitätsG „mangels eines gesetzlich festgestellten Haushaltsplans" für nicht möglich erklärt. *Feuchte* AöR 97 (1972) 560 dagegen legt den Begriff „zusätzliche Ausgaben" beispielsweise so aus, daß „zusätzlich" nicht nur auf einen festgestellten Haushaltsplan, sondern auf die jeweils bestehende Ermächtigung (also auch Art. 111 GG) bezogen ist.

Die großen Schwierigkeiten, den unbestimmten Rechtsbegriff „gesamtwirtschaftliches Gleichgewicht" auch nur andeutungsweise inhaltlich festzulegen[44], ermöglichen es der Regierung, nahezu jede Ausgabe als zur Erhaltung des gesamtwirtschaftlichen Gleichgewichts erforderlich zu deklarieren. Auch die Zweckbindung der Mittel an den notwendig groben Rahmen der mittelfristigen Finanzplanung gemäß § 6 II 2 StabilitätsG wäre kaum geeignet, der Bundesregierung bei einer Subsumtion der ins Gewand von „Pflichten" gekleideten Möglichkeiten nach Art. 109 II, III GG, 6 II StabilitätsG unter Art. 111 I b GG auch ohne festgestellten Haushaltsplan eine die volle Breite der gesamten Regierungstätigkeit umfassende Ausgabenwirtschaft zu verwehren.

Damit entfiele für die Bundesregierung jeglicher ernsthafte Zwang, die alsbaldige Verabschiedung des Haushaltsgesetzes zu erwirken. Das *zweite* verfassungspolitische Ziel des Art. 111 GG wäre bei einer Auslegung des Art. 111 I b GG, welche die Pflichten, zu deren Wahrnehmung das StabilitätsG die Instrumente zur Verfügung stellt, einbezieht in die „rechtlich begründeten Verpflichtungen des Bundes", völlig außer acht gelassen und geradezu in sein Gegenteil verkehrt.

Von daher gesehen wird allein die *enge* Interpretation des Art. 111 I b GG, wie die sie herrschende Lehre[45] entgegen der Auffassung *Feuchtes*[46] vornimmt, dem Sinn und Zweck des Art. 111 GG gerecht[47], indem sie den ohnehin durch Art. 111 I a—c GG recht weit gezogenen Rahmen der ohne Haushaltsgesetz möglichen Ausgabenwirtschaft nicht ins Uferlose ausdehnt[48].

f) Ausblick

Die hier vertretene Auffassung bedeutet keineswegs, daß der Verpflichtung aus Art. 109 II GG während der vorläufigen Haushaltsführung überhaupt keine Bedeutung zukommt. Sie bedeutet lediglich, daß die Erfordernisse des gesamtwirtschaftlichen Gleichgewichts nicht *selbständig* zur Ausgabenermächtigung erstarken. Innerhalb des *ansonsten* durch Art. 111 GG gezogenen Rahmens muß die Bundesregierung auch

---

[44] Siehe z. B.: *Maunz* in: MDH, Art. 109, Rdn. 24; *Möller* Art. 109, Rdn. 11 (S. 65 f.); *Stern/Münch/Hansmeyer* § 1, Anm. II (S. 120 f.); *Vogel/Wiebel* in: Bonner Kommentar, Art. 109, Rdn. 82.

[45] Siehe oben a, Fn. 25.

[46] Siehe nochmals: *Feuchte* AöR 97 (1972) 559 f.

[47] Von dieser engen Interpretation geht offenbar auch der Beschluß des Großen Senats des Bundesrechnungshofes (Anhang) sub II 2 aus, wenn er „Verpflichtungen" im Sinne des Art. 111 I b GG mit „Verbindlichkeiten" gleichsetzt.

[48] Nicht von ungefähr gehen daher auch die Kommentare zu § 6 II Stabilitätsgesetz (*Möller* § 6, Rdn. 4, S. 133; *Stern/Münch/Hansmeyer* § 6, Anm. V, 2, S. 242) ohne Begründung davon aus, daß die nach der Bestimmung zu beschließenden Ausgaben zusätzlich *zu den im Haushaltsplan vorgesehenen* Ausgaben zu leisten sind.

den Art. 109 II GG beachten. Art. 111 I GG setzt nur auch den konjunkturpolitisch motivierten Ausgaben die *obere* Grenze.

Insoweit — und nur in diesem engen Sinne! — kann die oben zitierte Aussage der Bundesregierung aus dem Jahre 1972[49] verfassungsrechtlich Bestand haben.

Raum für eine „angemessene Stützung der allgemeinen Nachfrage" hat die Bundesregierung also kaum im Rahmen des Art. 111 I b GG, sondern allenfalls aufgrund des Art. 111 I a GG, in besonderem Maße aber bei ihrer Ausgabenpolitik aufgrund Art. 111 I c GG.

4. Art. 111 I c GG

Art. 111 I c GG ermächtigt die Bundesregierung, Ausgaben zu leisten, um Bauten, Beschaffungen und sonstige Leistungen fortzusetzen oder Beihilfen für diese Zwecke weiter zu gewähren, sofern durch den Haushaltsplan eines Vorjahres bereits Beträge bewilligt worden sind.

Allen in Art. 111 I c GG genannten Ausgaben ist gemeinsam, daß sie nur zulässig sind, wenn für die jeweiligen Zwecke bereits in einem gesetzlich festgestellten Haushaltsplan Ausgaben vorgesehen waren, wobei es sich nicht unbedingt um den gesetzlich festgestellten Haushaltsplan des unmittelbaren Vorjahres handeln muß[50]. Von dieser gemeinsamen Obergrenze abgesehen sind die Grenzen, die den nach Art. 111 I c GG zulässigen Ausgaben im übrigen gezogen sind, verhältnismäßig unbestimmt.

Bezüglich jedes einzelnen Merkmals bestehen erhebliche Auslegungs- und Subsumtionszweifel[51].

Dabei bedarf allerdings etwa die Frage, was „Bauten" und „Beschaffungen" sind[52], gar keiner ins einzelne gehenden Klärung, da diese Begriffe, wie die Hinzufügung der „sonstigen Leistungen" zeigt, ohnehin keine abschließende Aufzählung darstellen[53] und es letztlich keine Rolle spielt, ob eine Ausgabe einer „Beschaffung" oder einer „sonstigen Leistung" dient.

Voraussetzung ist aber stets, daß es sich um Ausgaben zur „Fortsetzung" dieser Maßnahmen handelt. *Fortgesetzt* werden können nur

---
[49] Oben d.
[50] *Maunz* in: MDH, Art. 111, Rdn. 5; *Piduch* Art. 111 GG, Anm. 14.
[51] *Maunz* in: MDH, Art. 111, Rdn. 6; unter Hervorhebung der schwerlich auszuräumenden Subsumtionszweifel gibt der Beschluß des Großen Senats des Bundesrechnungshofes (Anhang) sub II 3—4 knappe Anhaltspunkte für eine praktikable Auslegung der Vorschrift.
[52] Siehe dazu etwa: *Karldieter Schmidt* S. 61 ff; *Vialon* Art. 111 GG, Anm. 9 ff. (S. 213 f.); vgl. auch die Kommentierung der gleichlautenden Begriffe in den §§ 24, 54 BHO bei: *Piduch* Anmerkungen zu §§ 24, 54 BHO.
[53] *Piduch* Art. 111 GG, Anm. 14.

Maßnahmen, die *bereits begonnen* sind. Den Beginn einer konkreten Maßnahme festzustellen, ist indes in vielen Fällen nicht einfach[54]. Anhaltspunkte für den Beginn von Bauten und Beschaffungen finden sich in den §§ 24 und 54 BHO. Gemäß § 24 I BHO dürfen beispielsweise Ausgaben und Verpflichtungsermächtigungen für Baumaßnahmen erst *veranschlagt werden*, wenn Pläne, Kostenberechnungen und Erläuterungen vorliegen, aus denen die Art der Ausführung, die Kosten der Baumaßnahme, des Grunderwerbs und der Einrichtungen sowie die vorgesehene Finanzierung und ein Zeitplan ersichtlich sind; 54 I BHO verlangt *für den tatsächlichen Beginn* einer Baumaßnahme darüber hinaus das Vorliegen *ausführlicher* Entwurfszeichnungen und Kostenberechnungen. Nach der auch für die vorläufige Haushaltsführung bedeutsamen Zwecksetzung beider Vorschriften dürfte festzuhalten sein, daß diejenigen Vorarbeiten, die gemäß § 24 BHO erforderlich sind, um Ausgaben für Bauten, Beschaffungen und Entwicklungsvorhaben (als Beispiel für „sonstige Leistungen") überhaupt erst in einem Haushaltsplan zu veranschlagen, in keinem Falle ausreichen, eine Maßnahme dergestalt als „begonnen" anzusehen, daß sie im Sinne des Art. 111 I c GG „fortgesetzt" werden könnte. Zumindest müssen vielmehr diejenigen Vorarbeiten abgeschlossen sein, die gemäß § 54 BHO Voraussetzung für den tatsächlichen Beginn einer in einem festgestellten Haushaltsplan vorgesehenen Maßnahme sind, zuzüglich *eines* weiteren Schrittes, denn es geht nicht an, eine Maßnahme als im Sinne des Art. 111 I c GG begonnen *anzusehen*, die während der Haushaltsführung aufgrund eines Haushaltsgesetzes gar nicht hätte begonnen werden dürfen.

Vollends unscharf wird die Grenze der vorläufigen Ausgabenermächtigung nach Art. 111 I c GG durch den Zusatz, daß „Beihilfen für diese Zwecke" weitergewährt werden dürfen. Das Wort „Beihilfen" ist hier nicht in einem rechtstechnischen Sinne, also zum Beispiel als Beihilfen im Sinne des Beamtenrechts, zu verstehen[55]; gemeint sind alle Zuweisungen und Zuschüsse an Stellen außerhalb der Bundesverwaltung für Bauten, Beschaffungen und sonstige Leistungen[56].

Insgesamt gesehen gibt die Schwierigkeit, bei den undeutlichen Begriffen des Art. 111 I c GG klare Unterscheidungen und Abgrenzungen vorzunehmen, zu drei abschließenden Überlegungen Anlaß:

Erstens bietet gerade der weite Rahmen des Art. 111 I c GG hinreichend Raum und Veranlassung, auch Rechtspflichten, wie sie Art. 109 II GG statuiert, in die Entscheidung, ob eine bestimmte an sich zulässige Ausgabe getätigt werden soll, einfließen zu lassen. *Feuchte*[57] gebührt

---
[54] *Maunz* in: MDH, Art. 111, Rdn. 6; *Karldieter Schmidt* S. 62 f.
[55] *Maunz* in: MDH, Art. 111, Rdn. 6.
[56] *Piduch* Art. 111 GG, Anm. 14.
[57] *Feuchte* AöR 97 (1972) 560.

zwar das Verdienst, diese Möglichkeit erkannt zu haben. Seine Sicht ist aber insoweit zu eng, als er nur die Erforderlichkeit einer weiten Auslegung des Art. 111 I c GG durch die Einbeziehung von Erwägungen aufgrund Art. 109 II GG in Betracht zieht. Von mindestens ebenso großer praktischer Bedeutung dürfte aber die Erkenntnis sein, daß bei bestimmten konjunkturellen Lagen aus Art. 109 II GG der Bundesregierung auch die Verpflichtung erwachsen kann, bei der vorläufigen Ausgabenwirtschaft den Rahmen des Art. 111 I c GG *nicht* voll auszuschöpfen.

Zweitens sind es gerade die unklaren Begriffe innerhalb des Art. 111 GG, die in besonderem Maße bei jeder einzelnen Subsumtion unter einen derartigen Begriff eine äußerst sorgfältige Prüfung des jeweiligen Ergebnisses an den verfassungspolitischen Zielen des Art. 111 GG erheischen[58].

Drittens sei schließlich vermerkt, daß der Anwendungsbereich des Art. 111 I c GG dann eine sachliche Begrenzung erfahren kann, wenn im Falle der *Etatverweigerung* die Ablehnung eines ganzen Budgets gerade auf zwischen Regierung und Parlamentsmehrheit divergierenden Auffassungen über Art und Ausmaß der Fortsetzung angefangener „Bauten, Beschaffungen oder sonstiger Leistungen" beruht. In diesem Falle bedeutete es eine unerträgliche Ignorierung des Parlamentswillens, würde eine Regierung, wenn sie schon keine weitergehenden Konsequenzen aus einer derartigen Weigerung zu ziehen gewillt ist, den hinreichend artikulierten Willen des Parlaments nicht zumindest bei ihrer Handhabung des Art. 111 I c GG berücksichtigen[59].

§ 9: Einnahmen im Nothaushalt und Art. 111 II GG

1. Die Bedeutung der Fristüberschreitung für die staatlichen Einnahmen

Für die meisten Einnahmen des Staates kommt weder der Überschreitung der Frist des Art. 110 II GG noch dem Fehlen eines verabschiedeten Haushaltsgesetzes irgendeine Bedeutung zu[60].

Nicht das Haushaltsgesetz ermächtigt zur Erhebung der gesetzlich festliegenden Einnahmen aus Steuern und Abgaben, sondern allein die Steuer- oder Abgabengesetze, die in Deutschland nicht für die Dauer eines Haushaltsjahres, sondern auf unbestimmte Zeit beschlossen zu

---

[58] *Maunz* in: MDH, Art. 111, Rdn. 6 a. E.: letztlich wird er stets einer Abwägung zwischen den beiden Teilzielen bedürfen.
[59] So schon: *Henrichs* Diss., S. 199.
[60] *Klein* in: SBK, Art. 111, Rdn. 6.

werden pflegen[61]. Art. 111 II GG geht von diesen bestehenden Rechtsgrundlagen für die Einnahmenerhebung aus; von der unten zu behandelnden Kreditermächtigung im 2. Halbsatz abgesehen, stellt er keine selbständige Ermächtigung zur Erhebung von Einnahmen im Nothaushalt dar.

Die abweichende Auffassung von *Wacke*[62] und *Giese/Schunck*[63], die in Art. 111 II GG die grundgesetzliche Ermächtigung der Bundesfinanzverwaltung zur Forterhebung der noch nicht etatisierten Bundeseinnahmen sehen, ist mit dem Wortlaut der Bestimmungen nicht in Einklang zu bringen. Sie verkennt zudem die in der Übernahme des preußischen Budgettyps als Fortsetzung des spätkonstitutionellen Budgetsystems begründete Funktion des deutschen Haushaltsgesetzes als — jedenfalls bezüglich der auf fortlaufenden Gesetzen beruhenden Einnahmen[64] — bloßes Budgetfeststellungsgesetz[65]. Die Auffassung Wackes und Giese/Schuncks müßte im übrigen zu der Konsequenz führen, daß dann auch unter einem in Kraft befindlichen Haushaltsgesetz die Einnahmenerhebung zu unterbrechen wäre, wenn für die jeweilige Einnahmequelle (z. B. die Einkommensteuer) das Soll des Haushaltsplanes erfüllt wäre[66] — eine Folgerung, die wohl weder Wacke noch Giese/Schunck ziehen wollen!

2. Die Funktion des Art. 111 II GG

Die Funktion des Art. 111 II GG beschränkt sich daher auf die Erteilung der Kreditermächtigung an die Bundesregierung für die Zeit der vorläufigen Haushaltsführung.

Diese Kreditermächtigung gilt aber nur subsidiär[67]: Zuerst müssen die in Art. 111 II 1. Halbsatz GG genannten Einnahmequellen, also die Einnahmen aus Steuern, Abgaben und sonstigen Quellen oder die Betriebsmittelrücklage, zur Deckung der gemäß Art. 111 I GG zulässigen Ausgaben herangezogen werden.

Sonstigen Quellen neben den Steuern und anderen Abgaben entspringen insbesondere die Einnahmen aus der Verwaltung und Verwertung von Bundesvermögen einschließlich der Einnahmen aus werbenden Betrieben sowie die Verwaltungseinnahmen. Hierher gehören

---

[61] *Maunz* in: MDH, Art. 111, Rdn. 11.
[62] *Wacke* S. 85.
[63] *Giese/Schunck* Art. 111, Anm. 7.
[64] Für die Ausgabenseite siehe aber: BVerfGE 20, 56 (91).
[65] Zum Unterschied zwischen dem „preußischen Budgettyp" und dem auch bezüglich der Einnahmen eine Ermächtigung darstellenden „mittelstaatlichen Typ" siehe: Johannes *Heckel* in: HdbDStR Bd. 2, S. 412 ff.; vgl. auch: *Sasse* JZ 1973, 190, Fn. 10 mit rechtsvergleichenden Hinweisen.
[66] So zutreffend: *Karldieter Schmidt* S. 69 f.

aber auch Krediteinnahmen, die aufgrund weitergeltender Kreditermächtigungen aus Vorjahren gemäß § 18 III BHO beschafft werden[68].

Mit *Betriebsmittelrücklage* ist die Kassenverstärkungsrücklage im Sinne von § 62 BHO gemeint[69], die zur Aufrechterhaltung einer ordnungsmäßigen Kassenwirtschaft ohne Inanspruchnahme von Kreditermächtigungen gemäß § 18 II Nr. 2 BHO durch möglichst regelmäßige Zuführung von Haushaltsmitteln bei der Deutschen Bundesbank angesammelt werden *soll.*

Auch diese Betriebsmittel- oder Kassenverstärkungsrücklage muß, falls eine solche besteht, zuerst zur Deckung der Ausgaben herangezogen werden, bevor eine Kreditaufnahme im Rahmen des Art. 111 II GG zulässig ist.

Art. 111 II 1. Halbsatz GG zählt die vor einer Inanspruchnahme der Kreditermächtigung des 2. Halbsatzes auszuschöpfenden Einnahmequellen nur auf, legt aber *keine Reihenfolge* für die Beschaffung der Einnahmen aus diesen Quellen fest[70].

3. Die Kreditermächtigung des Art. 111 II GG

Die den Gehalt des Art. 111 II GG ausmachende Kreditermächtigung stößt insbesondere hinsichtlich ihres Ausmaßes allenthalben auf Unverständnis und Kritik.

Vialon[71] findet die Ermächtigung im Ausmaß *erstaunlich, märchenhaft* und schließlich *unnötig* sowie *in die Haushaltswirtschaft eine bedenkliche Inkongruenz hineintragend.* Für *unnötig* und *überflüssig* erklärt sie auch *Karldieter Schmidt*[72]. *Sasse*[73] schließlich empfindet die Kreditermächtigung als *beängstigend hoch* und als eine *Ungereimtheit* innerhalb des Art. 111 GG. Diesem literarischen Engagement steht die völlige praktische Bedeutungslosigkeit des Art 111 II GG gegenüber, denn soweit ersichtlich, ist in der bisherigen Haushaltspraxis des Bundes noch niemals auf die Kreditermächtigung des Art. 111 II GG zurückgegriffen worden[74].

---

[67] *Piduch* Art. 111 GG, Anm. 18.
[68] *Maunz* in: MDH, Art. 111, Rdn. 13; *Piduch* Art. 111 GG, Anm. 18.
[69] *Maunz* in: MDH, Art. 111, Rdn. 12; *Piduch* Art. 111, GG, Anm. 18.
[70] A.A. offenbar *Maunz* in: MDH, Art. 111, Rdn. 12.
[71] *Vialon* Art. 111 GG, Anm. 15 (S. 215).
[72] *Karldieter Schmidt* S. 79.
[73] *Sasse* JZ 1973, 189 f.
[74] *Piduch* Art. 111 GG, Anm. 19; *Karldieter Schmidt* S. 79; *Vialon* § 8 a RHO, Anm. 8 (S. 359).

a) Die Grenzen der Kreditermächtigung

Bei genauer Betrachtung kann das Ausmaß der Kreditermächtigung des Art. 111 II GG nur dann beängstigen, wenn man die Beschränkung der Kredithöhe *nur* in der Höhe eines Viertels der Endsumme des abgelaufenen Haushaltsplanes sieht.

Art. 111 II GG begrenzt aber die Höhe der zulässigerweise aufzunehmenden Kredite zweifach, und zwar

erstens durch die Summe der zur Aufrechterhaltung der nach Art. 111 I GG zulässigen Ausgabenwirtschaft *nach* Ausschöpfen der sonstigen Einnahmen erforderlichen Mittel

und erst

zweitens durch die Summe eines Viertels der Endsumme des abgelaufenen Haushaltsplanes.

b) Die erste Grenze

Entscheidend ist letztlich nur die erste Grenze. Wenn man die auch während der vorläufigen Haushaltsführung ohnehin fließenden Einnahmen mit dem begrenzten Katalog der nach Art. 111 I GG zulässigen Ausgaben vergleicht, bedarf es keiner Erläuterung mehr, warum der Art. 111 II GG bisher noch keine praktische Bedeutung erlangt hat[75].

Selbst wenn zukünftig in Fortsetzung einer seit 1969 zu beobachtenden Entwicklung die Weitergeltung haushaltsgesetzlicher Kreditermächtigungen durch das Haushaltsgesetz verstärkt eingeschränkt werden sollte[76], werden die zur Aufrechterhaltung der Wirtschaftsführung nach Art. 111 I GG erforderlichen Mittel kaum die *laufenden* Einnahmen überschreiten[77].

c) Die zweite Grenze

Im Gegensatz zu dieser eigentlichen Obergrenze der zulässigen Kredithöhe läuft die zweite Grenze, also das „Viertel der Endsumme", in der Tat leer.

Trotz gewaltiger Ausdehnung des Bundeshaushaltes und ständig anschwellenden Kreditbedarfs des Bundes wurde noch niemals von einem Haushalts*gesetz* eine Brutto-Neuverschuldung des Bundes zugelassen, die auch nur in die Nähe eines Viertels der Haushaltssumme gerückt wäre.

Die zweite Grenze ist also so hoch angesetzt, daß die Bundesregierung im Nothaushalt — bestünde nur diese Grenze — höhere Kredite auf-

---

[75] Selbst 1972, als die vorläufige Haushaltsführung praktisch das gesamte Rechnungsjahr umfaßte, bedurfte die Bundesregierung nicht des Rückgriffs auf Art. 111 II GG.
[76] Vgl. *Piduch* Art. 111 GG, Anm. 19 und § 18 BHO, Anm. 11.
[77] Siehe auch: *Maunz* in: MDH, Art. 111, Rdn. 13.

nehmen könnte, als sie jemals von einem Parlament bewilligt erhalten hat und wohl auch in Zukunft bewilligt erhalten wird — ganz abgesehen von den Schwierigkeiten, derartige Summen überhaupt auf dem Kreditmarkt zu beschaffen! Das dergestalt offentsichtliche Leerlaufen der zweiten Grenze kann nicht durch einschränkende Auslegung der betreffenden Tatbestandsmerkmale verhindert werden[78].

Wenn durch die Formulierung „bis zur Höhe eines Viertels der Endsumme des abgelaufenen Haushaltsplans" eine Grenze in Art. 111 II GG eingebaut wurde, die eigentlich keine ist, so ist das nur als ein Redaktionsfehler zu erklären, der durch die Vermengung verschiedener historischer Nothaushaltsregeln entstanden ist[79].

Wie bereits oben dargestellt[80], entsprach die im Parlamentarischen Rat zunächst von dem Abgeordneten *Höpker-Aschoff* vorgeschlagene Formulierung des heutigen Art. 111 II GG genau dem Art. 64 Nr. 2 der Preußischen Verfassung von 1920[81]. Dort war die Begrenzung der zulässigen Schatzanweisungen auf die Höhe eines Viertels der Endsumme des abgelaufenen Haushaltsplanes durch den Zusatz „für je drei Monate" ergänzt. In dem Änderungsvorschlag des Rechnungshofes des Deutschen Reiches wurde dagegen der Hauptwert auf eine sachliche Umschreibung der Grenzen gelegt („die zur Aufrechterhaltung der Wirtschaftsführung erforderlichen Mittel") und dafür der Zusatz „für je drei Monate" gestrichen. Unverständlicherweise beließ man es neben der nunmehr ersten, sachlichen Umgrenzung auch bei der zweiten Grenze, die jedoch jeglicher Begrenzungsfunktion beraubt war.

4. Schlußbemerkung

Angesichts der bisher fehlenden und wohl stets geringen praktischen Bedeutung des Art. 111 II GG soll auf eine weitere Auseinandersetzung mit theoretischen Streitfragen im Zusammenhang mit einzelnen Merkmalen der Bestimmung verzichtet werden[82].

Die vorstehenden Ausführungen haben gezeigt, daß gerade die Hauptauseinandersetzung im Bereich des Art. 111 II GG, nämlich der Streit um Sinn und Unsinn der zweiten Obergrenze der Kreditermächtigung, angesichts der klaren ersten Obergrenze nur akademischer Natur ist und zudem meist in Verkennung dieser ersten Grenze entbrannt ist.

---

[78] Zu vereinzelt vorgenommenen untauglichen Versuchen, der zweiten Grenze doch noch einen Sinn zu geben, siehe: *Feuchte* AöR 97 (1972) 548.
[79] Ähnlich: *Feuchte* AöR 97 (1972) 549.
[80] Siehe oben § 5, 2.
[81] Siehe oben § 4, 4. bei Fn. 150.
[82] Zur Frage des Kreditbegriffs in Art. 111 II GG und in Art. 115 GG und des Verhältnisses beider Begriffe zueinander siehe beispielsweise die umfassenden und erschöpfenden Ausführungen *Feuchtes*, AöR 97 (1972) 538 ff. (insbesondere S. 561 ff.).

Nur die *erste* Grenze gilt es, bei einem *etwaigen* Rückgriff auf Art. 111 II GG im Auge zu behalten.

§ 10: Verwaltungsvorschriften gemäß § 5 BHO zum Vollzug des Art. 111 GG

1. Die Rechtsgrundlage

Gemäß § 5 BHO erläßt der Bundesminister der Finanzen die Verwaltungsvorschriften zur vorläufigen (und endgültigen) Haushalts- und Wirtschaftsführung.

Obwohl in der Reichshaushaltsordnung eine dem § 5 BHO entsprechende Regelung fehlte, war es auch vor dem Inkrafttreten der Bundeshaushaltsordnung üblich, daß der Bundesfinanzminister die Anwendung des Art. 111 GG als praktisch nicht gerade einfache Verfassungsregel im Erlaßwege durch Rundschreiben für die „Vorläufige Haushaltsführung im Rechnungsjahr 19xx" ordnete[83].

Da sich mangels einer Zuständigkeitsregelung zum Erlaß dieser Verwaltungsvorschriften in Art. 111 GG selbst die Zuständigkeit allein nach Art. 86 GG bemißt[84], Art. 86 GG nach überwiegender Auffassung[85] aber nur die Bundesregierung als Kollegium ermächtigt, und ein Gesetz, das Besonderes vorschreibt, früher fehlte, war die Zuständigkeit des Bundesfinanzministers unter der Geltung der Reichshaushaltsordnung heftig umstritten[86].

Dieser Streit ist durch die ausdrückliche Ermächtigung des Bundesfinanzministers in § 5 BHO als Gesetz, das im Sinne des Art. 86 GG „Besonderes vorschreibt", für den gegenwärtigen Rechtszustand entschieden.

2. Die Verwaltungspraxis

Auch heute noch ergehen die Verwaltungsvorschriften nach § 5 BHO in Form von Rundschreiben des Bundesfinanzministers an die obersten Bundesbehörden.

Diese Rundschreiben nehmen regelmäßig auf den noch nicht durch das Haushaltsgesetz festgestellten (Entwurf des) Haushaltsplan(es) für das jeweilige Haushaltsjahr Bezug und schreiben vor, daß die im Ent-

---

[83] *Vialon* § 22 RHO, Anm. 21 (S. 490 f.).
[84] *Piduch* § 5 BHO, Anm. 2.
[85] Siehe nur: *Maunz* in: MDH, Art. 86, Rdn. 10 mit Nachweisen der unterschiedlichen Auffassungen.
[86] Zu dem damaligen Streit siehe: *Karldieter Schmidt* S. 80 ff. mit zahlreichen Nachweisen.

wurf des Haushaltsplanes vorgesehenen Ausgaben bis zu bestimmten Höchstsätzen geleistet werden dürfen, wenn nicht die entsprechenden Ausgaben im Haushaltsplan des Vorjahres niedriger festgesetzt waren oder fehlten oder aber im Entwurf des Haushaltsplanes für das bereits laufende Haushaltsjahr bei den Beratungen im Haushaltsausschuß des Bundestages Kürzungen beschlossen worden sind[87].

Die erste Begrenzung der Orientierung der Verwaltung an dem Entwurf des neuen Haushaltsplanes durch Höchstsätze unterhalb der neuen Ansätze und durch den Bezug zum Vorjahreshaushaltsplan ist geeignet, die Ausgabenwirtschaft in dem nach Art. 111 I GG zulässigen Rahmen zu halten.

Die zweite Begrenzung will mit der Einbeziehung des Standes des Haushaltsgesetzgebungsverfahrens verhindern, daß die durch den demnächst festzustellenden Haushaltsplan erteilten Ausgabenermächtigungen während der vorläufigen Haushaltsführung überschritten werden.

Zusätzlich legt der Bundesfinanzminister meist Höchstsätze für bestimmte Gruppen von Ausgabetiteln fest, die ohne seine vorherige Zustimmung nicht überschritten werden dürfen.

Insgesamt gewährleistet das gegenwärtige Verfahren eine einheitliche Auslegung des Art. 111 GG im Bereich der gesamten Bundesverwaltung. Die Ermächtigungen des Art. 111 GG werden für die Verwaltung praktizierbar.

Nicht zuletzt sind es die Rundschreiben des Bundesfinanzministers, durch die eine Überprüfung der vorläufigen Haushaltsführung der Bundesregierung durch Bundesrechnungshof und Parlament erst möglich wird.

---

[87] Vgl. *Piduch* § 5 BHO, Anm. 2.

3. Abschnitt

Zeitliche Grenzen der Ermächtigung zur vorläufigen Haushaltsführung

§ 11: Die sich unmittelbar aus Art. 111 GG ergebende Begrenzung

Der zeitliche Rahmen, innerhalb dessen die Bundesregierung zur vorläufigen Haushaltsführung, also zur Haushaltswirtschaft ohne gültiges Haushaltsgesetz, ermächtigt ist, scheint durch die prima vista klare Formulierung des Eingangssatzes von Art. 111 I GG außer Streit gestellt.

Nach dessen Wortlaut beginnt die Ermächtigung, wenn *bis zum Schluß eines Rechnungsjahres der Haushaltsplan für das folgende Jahr nicht durch Gesetz festgestellt* ist, und sie gilt *bis zum Inkrafttreten* des Haushaltsgesetzes.

In der Tat ist damit der zeitliche *Beginn* der Ermächtigung eindeutig auf den Beginn des Rechnungsjahres festgelegt, wenn der Haushaltsplan nicht bis zum Schluß des ausgelaufenen Rechnungsjahres festgestellt ist.

Gemäß §§ 4 HGrG, 4 BHO ist Rechnungsjahr (*Haushaltsjahr*) das Kalenderjahr[1]. Falls also das Haushaltsgesetz für das laufende Rechnungsjahr nicht bis zum 31. Dezember des vorherigen Rechnungsjahres verkündet[2] ist, ist die Bundesregierung also ab dem 1. Januar zur vorläufigen Haushaltsführung ermächtigt.

Bezüglich des zeitlichen *Endes* der Ermächtigung versagt jedoch bereits der Wortlaut des Art. 111 I GG. Nähme man die Formulierung „*bis zu seinem* (des Bundeshaushaltsgesetzes für das laufende Rechnungsjahr) *Inkrafttreten*" wörtlich, so fielen Beginn und Ende der Ermächtigung zusammen, die Ermächtigungsdauer wäre also gleich Null, denn das verspätet erlassene Bundeshaushaltsgesetz tritt „naturgemäß"[3] rückwirkend vom ersten Tag des Rechnungsjahres an in Kraft[4].

---

[1] Zum Verhältnis Rechnungsjahr — Kalenderjahr siehe oben § 1, 1., Fn. 5.

[2] Zur Bedeutung eines vom Parlament beschlossenen, aber noch nicht ausgefertigten und verkündeten Haushaltsgesetzes für die Ermächtigung der Bundesregierung siehe: *Karldieter Schmidt* S. 45 ff.

[3] *Maunz* in: MDH, Art. 111, Rdn. 4.

Zu Recht ist man sich daher völlig einig, daß die aus dem insoweit ebenso fehlerhaften Art. 64 der preußischen Verfassung von 1920[5] übernommene Formulierung „bis zu seinem Inkrafttreten" unkorrekt ist; gemeint ist vielmehr *bis zur Verkündung* des Bundeshaushaltsgesetzes[6]. Die Verkündung des Bundeshaushaltsgesetzes, d. h. der Zeitpunkt der Ausgabe des Bundesgesetzblattes, in dem das Gesetz veröffentlicht ist[7], stellt daher in jedem Falle das zeitliche Ende der Ermächtigung der Bundesregierung zur vorläufigen Haushaltsführung dar.

Auf diese Korrektur des Verfassungstextes, d. h. auf die Ersetzung des Wortes „Inkrafttreten" durch das Wort „Verkündung", beschränkt sich die soeben erwähnte Einigkeit auch. Von dem unbestritten letzten Zeitpunkt der Ermächtigungsdauer, der Verkündung, abgesehen, wird über etwaige sonstige Grenzen ihrer zeitlichen Dauer durchaus gestritten. Diesen Streit, der letztlich in die Fragestellung mündet, ob Art. 111 GG nicht nur für den Fall der Etatverzögerung, sondern auch für den Fall eines Etatkonfliktes gilt, zu klären, ist das Ziel der folgenden Untersuchungen, die zugleich den engen Zusammenhang der Streitfrage mit den Pflichten des Parlaments bei der Feststellung des Haushaltsplanes aufzeigen sollen.

§ 12: Sonstige zeitliche Grenzen der Ermächtigung?

1. Erste kritische Ansätze in der Literatur

Die Deutung des Art. 111 GG als eine bloß durch die Verkündung des Haushaltsgesetzes zeitlich begrenzte Ermächtigung hat schon früh verfassungspolitische Bedenken erregt.

Neumark[8] erkennt zwar an, daß die Ermächtigung dann zweckmäßig und politisch unbedenklich sein *kann*, wenn zwischen Exekutive und Legislative traditionell ein Vertrauensverhältnis besteht, das Mißbräuche seitens ersterer ausschließt, scheut sich aber wegen des häufigen Fehlens dieses Vertrauensverhältnisses nicht, den Art. 111 GG in

---

[4] So bestimmt z. B. das am 12. Juli 1973 verkündete Bundeshaushaltsgesetz vom 6. Juli 1973 (BGBl. I S. 733) in § 27: „Dieses Gesetz tritt mit Wirkung vom 1. Januar 1973 in Kraft."

[5] Siehe oben § 4, 4. bei Fn. 150.

[6] *Klein* in: SBK, Art. 111. Rdn. 3; *Maunz* in: MDH, Art. 111, Rdn. 4; *Piduch* Art. 111 GG, Anm. 1; ebenso: *Giesen/Fricke* Art. 82, Rdn. 4 (S. 80) zu dem insoweit mit Art. 111 GG übereinstimmenden Art. 82 der Verfassung von Nordrhein-Westfalen unter Hinweis auf die klarere Terminologie des § 13 II 1 HGrG.

[7] Vgl. BVerfGE 16, 6.

[8] *Neumark* in: HdbFW, Bd. 1, S. 586.

die Nähe des berüchtigten Ermächtigungsgesetzes vom 24. März 1933 zu rücken.

Ein ähnliches Unbehagen wird wohl auch *Maunz*[9] trotz seiner Erkenntnis, daß irgendeine Begrenzung der zeitlichen Überschreitung der Frist für die Beschlußfassung über den Haushaltsplan ausdrücklich weder im Grundgesetz noch in der Bundeshaushaltsordnung vorgesehen ist, zu der Einschränkung bewogen haben, Art. 111 GG schließe „verfassungsrechtliche Sanktionen" nur bei einer „gewissen" zeitlichen Überschreitung der Frist des Art. 110 II GG aus und erfordere, daß die zeitliche Überschreitung auf einleuchtenden Gründen beruhe und weder eine von der Verfassung nicht gebilligte Absicht der Regierung oder der Volksvertretung erkennen lasse noch unverhältnismäßig groß sei.

Nach der Auffassung *Franz Kleins*[10] schließlich gibt Art. 111 GG der Bundesregierung „kein Alibi", bei Ablehnung des Haushalts durch das Parlament ohne Haushalt weiter zu regieren; für ihn folgt aus den Grundsätzen parlamentarischer Demokratie westlicher Prägung, daß eine Regierung, deren Haushaltsgesetzentwurf scheitert, zurücktreten oder die Vertrauensfrage stellen muß.

2. Die von Maunz vertretene Auffassung

Konnte man sich bis vor kurzem noch mit derart vagen Formulierungen begnügen, so waren es auch hier die haushaltspolitischen Ereignisse des Jahres 1972[11], die eine Präzisierung der Aussagen verlangten.

1972 fand die Ausgabenwirtschaft der Bundesregierung ihre verfassungsrechtliche Stütze nur vom 1. Januar bis zum 28. April unbestrittenermaßen in Art. 111 GG.

Danach stellt sich erstmals in der Geschichte der Bundesrepublik Deutschland die Frage, ob Art. 111 GG auch für den Konfliktfall gilt. In einer mitten in der anhaltenden Krise des Jahres 1972 erschienenen Stellungnahme hat *Maunz*[12] die Anwendung der grundgesetzlichen Nothaushaltsregeln auf den Konfliktfall eindeutig für unzulässig erklärt.

Er geht davon aus, daß eine Weitergeltung des Nothaushaltsrechts auch noch für den Fall, daß der Haushaltsentwurf der Bundesregierung im Gesetzgebungsverfahren vom Bundestag abgelehnt worden ist, „mit Sicherheit zu verneinen" sei, da das Nothaushaltsrecht nach seinem Zweck nur so verstanden werden könne, daß es eine Übergangsstufe *bis zur Entscheidung des Bundestages* bilde.

---
[9] *Maunz* in: MDH, Art. 111, Rdn. 1.
[10] *Klein* in: SBK, Art. 111, Rdn. 3.
[11] Siehe oben § 1, 3.
[12] *Maunz* FAZ Nr. 212 vom 13. 9. 1972, S. 2.

§ 12: Sonstige zeitliche Grenzen der Ermächtigung? 67

Diese für den auf einer glatten Etatverweigerung beruhenden Konfliktfall gefundene Lösung überträgt *Maunz* auch auf den Konfliktfall, daß der Haushalt — wie es im größten Teil des Jahres 1972 der Fall war — mangels einer tragfähigen parlamentarischen Basis der Bundesregierung insgesamt weder angenommen noch abgelehnt ist.

Das Nothaushaltsrecht kann nach seiner Auffassung keine auf unabsehbare Dauer angelegte Lösung sein, da das Grundgesetz ein lange dauerndes Regieren ohne Haushalt nicht billige[13].

3. Die überwiegend vertretene Auffassung

Die von *Maunz* eingenommene Haltung steht in Widerspruch zu allen sonstigen literarischen Äußerungen zu der aufgeworfenen Frage[14]. *Lange*[15] schließt u. a. aus der im Wortlaut des Art. 111 I GG fehlenden (sonstigen) zeitlichen Begrenzung, daß die Bundesregierung die dort genannten Ausgaben beim Nichtzustandekommen eines Haushaltsgesetzes unbefristet, also beliebig lange, vornehmen könne.

Auch *Karldieter Schmidt*[16] mißt der jeweiligen Zeitdauer der Verzögerung ebensowenig Bedeutung bei wie den Ursachen für die verspätete Verabschiedung des Haushaltsgesetzes.

Die Unbefangenheit, mit der vor 1972 die Problematik einer einheitlichen Anwendung des Art. 111 GG in den Fällen der Etatverzögerung und des Etatkonflikts angegangen wurde, zeigt ein Blick auf die Abhandlung von *Henrichs*[17], der ausweislich seiner Bemerkung, Art. 111 GG setze nicht etwa den Fall der Verweigerung des Budgets voraus, er treffe auch (!) den Fall des verzögerten Budgets, offenbar sogar den letzteren Fall als den problematischeren ansieht.

Auf vergleichbarer Ebene liegt die Anmerkung *Piduchs*[18], der als Beispiel für denkbare Konfliktfälle nur den Fall erläutert, daß ein Haushaltsgesetz zwar nach Art. 78 GG zustande kommt, aber, weil es z. B. wegen Fehlens eines Einzelplans verfassungswidrig ist, nicht verkündet wird[19].

---

[13] So im Anschluß an die früheren Bemerkungen von *Maunz* (in: MDH, Art. 111, Rdn. 1; siehe oben bei Fn. 9) auch: Institut FSt. Brief 129, S. 5.
[14] Angesichts der allein schon zahlenmäßig spärlichen Äußerungen in der Literatur wäre es allerdings verfehlt, der — wenn auch nur in einer Tageszeitung zu Wort gekommenen — gewichtigen Stimme von *Maunz* eine sog. „herrschende Meinung" gegenüberzustellen.
[15] *Lange* Staat 11 (1972) 326.
[16] *Karldieter Schmidt* S. 43 f.
[17] *Henrichs* Diss., S. 198.
[18] *Piduch* Art. 111 GG, Anm. 1 (S. 3).
[19] In *diesem* „Konflikt"fall will *Piduch* (a.a.O.) Art. 111 GG selbstverständlich weiterhin anwenden!

Eine problembewußtere Antwort findet sich dagegen in der Aussage *Henles*[20] aus dem Jahre 1964, Art. 111 GG komme bei jeder Verzögerung der Verabschiedung des Haushaltsplanes zum Zuge, gleichgültig, ob diese Verzögerung darauf beruhe, daß die Regierung den Plan zu spät vorgelegt habe, oder daß das Parlament ihn zu langsam beraten habe, oder aber daß ausnahmsweise eine Einigung nicht zustande komme.

Lediglich *Sasse*[21] nimmt ausgehend von den haushaltspolitischen Ereignissen des Jahres 1972 etwas ausführlicher Stellung zu den Fragen, die eine Haushaltswirtschaft aufgrund Art. 111 GG im Konfliktfall aufwirft.

Obwohl er meint, Wortlaut und Entstehungsgeschichte ließen die Geltung des Art. 111 GG für den Etatkonflikt zweifelhaft erscheinen, will er die Regierung auch und gerade im Konfliktfall den Gebrauch der nothaushaltsrechtlichen Ermächtigung nicht verweigern.

Für *Sasse* ist diese Lösung die unweigerliche Konsequenz aus der Aufnahme des Art. 67 in das Grundgesetz. Weil Art. 67 die Möglichkeit schafft, daß eine Regierung beim Mißlingen eines konstruktiven Mißtrauensvotums auch gegen eine parlamentarische Mehrheit zunächst weiterregieren kann und soll, wäre es nach seiner Auffassung „systemwidrig, wollte man gestatten, daß einer solchen Regierung ohne ihr Zutun auf andere parlamentarische Weise, nämlich durch Ablehnung des Haushalts, das Lebenslicht ausgeblasen wird." Sasse sieht in der Ermächtigung des Art. 111 GG gerade im Konfliktfall „das notwendige Korrelat zu dem der mehrheitslosen Regierung aufgetragenen Rollenspiel."

4. Stellungnahme

Im Ergebnis und in ihrer auf Art. 67 GG gestützten Begründung verdient die Auffassung *Sasses* volle Zustimmung.

Zunächst muß den eingangs dieses Paragraphen wiedergegebenen vagen Andeutungen einer (sonstigen) zeitlichen Begrenzung der Geltung des Art. 111 GG[22] entgegengehalten werden, daß es ihnen an jeglicher Praktikabilität mangelt. Dieser Vorwurf wiegt im Bereich des häufig von rechtsunkundigen Angehörigen des öffentlichen Dienstes rein formularmäßig ohne Kenntnisnahme von gesetzlichen Ermächtigungen nach detaillierten, aber eine Gesamtschau verhindernden Verwaltungsrichtlinien gehandhabten Haushaltsrechts naturgemäß besonders schwer.

---
[20] *Henle* S. 81 (allerdings ohne Begründung).
[21] *Sasse* JZ 1973, 190 f.
[22] Siehe oben 1.

Die auf die Lage im Jahre 1972 abgestellte Haltung von *Maunz*[23] hat ihre entscheidende Schwäche in der Tat darin, daß sie die sich aus Art. 67 GG ergebenden Folgerungen nicht gebührend berücksichtigt. Den Argumenten *Sasses* sei hinzugefügt, daß bei einer mehrheitslosen Regierung, die mit rechtlichen Mitteln nicht zum Rücktritt gezwungen werden kann, ein Entzug der Ermächtigung des Art. 111 GG eben nicht nur Wegnahme von Befugnissen hieße, sondern auch Wegnahme von Bindungen bedeutete, denn die Tätigkeit von Ausgaben, deren Verhinderung weder möglich noch wünschenswert wäre, würde in einen rechts- und damit bindungsfreien Raum verwiesen.

Schließlich stehen einer Anwendung des Art. 111 GG im Konfliktfall auch und gerade keine in der Entstehungsgeschichte des Art. 111 GG wurzelnden Zweifel entgegen. *Sasses* kurzer Blick in die Verfassungsgeschichte, auf den er die gegenüber seiner eigenen Auffassung geäußerten Zweifel gründet[24], geht an der Verfassungswirklichkeit seit dem Preußischen Budgetkonflikt vorbei, zeigt doch die Entstehungsgeschichte des heutigen Nothaushaltsrechts, daß alle zu dem heutigen Art. 111 GG führenden Entwicklungen von Theorien und Bestimmungen zur Überbrückung der etatlosen Zeit stets und immer zumindest *auch Konfliktlösungen* waren, ja meist die Etatkrise eher vor Augen hatten, als den in der Regel als unproblematisch empfundenen Fall der bloßen *Etatverzögerung*. Nicht zuletzt diese Erkenntnis sollte die Darstellung der historischen Entwicklung des Nothaushaltsrechts im 1. Abschnitt der vorliegenden Arbeit[25] vermitteln.

Art. 111 GG findet also im Falle eines auf welchen Umständen auch immer beruhenden *Etatkonflikts* ebenso Anwendung wie bei der bloßen *Etatverzögerung*[26].

Über die sich unmittelbar aus dem Wortlaut der Bestimmung selbst ergebenden Grenzen[27] hinaus gibt es also keine zeitliche Begrenzung ihres Anwendungsbereiches.

§ 13: „Budget-(bewilligungs-)pflicht" des Parlaments?

Unmittelbar im Anschluß an das soeben gefundene Ergebnis bezüglich der zeitlichen Grenzen der Haushaltsführung aufgrund des Art. 111

---
[23] Siehe oben 2.
[24] Siehe nochmals: *Sasse* JZ 1973, 190.
[25] Oben 1. Abschnitt; siehe insbesondere § 2, 5. und § 3, 3., a).
[26] Dieses Ergebnis entspricht auch der im Beschluß des Großen Senats des Bundesrechnungshofes (Anhang) sub I vertretenen Auffassung, denn gemäß dieser aufgrund der Sitzungen am 30. 11. und 7. 12. 1972, also etliche Monate *nach* dem Eintritt des Konfliktfalles, getroffenen Entscheidung, will der Bundesrechnungshof die vorläufige Haushaltsführung im Jahre 1972 an Art. 111 GG messen.
[27] Siehe oben § 11.

GG ist hier der systematische Ort zur Beantwortung einer eng mit den gerade erörterten Problemen verflochtenen Frage.

Wenn die vorläufige Haushaltsführung aufgrund des Art. 111 GG keinen (sonstigen) zeitlichen Grenzen unterworfen ist, also insbesondere auch nach erfolgter Etatverweigerung rechtmäßigerweise fortzuführen ist, so impliziert dieses Ergebnis zugleich die Antwort auf die Frage nach einer dem Parlament etwa durch Art. 110 II GG auferlegten Budgetbewilligungspflicht.

Der Streit um eine derartige Pflicht und ihren Umfang ist in der Bundesrepublik Deutschland fast so alt wie das Grundgesetz selbst. Bereits *von Mangoldt*[28] entnimmt dem in Art. 110 II GG verankerten Budgetrecht des Parlaments dessen *Verpflichtung*, die „rechtlich notwendigen" Einnahmen und Ausgaben zu bewilligen; er gesteht dem Parlament lediglich hinsichtlich der „durch keine rechtliche Notwendigkeit gebundenen" Einnahmen und Ausgaben ein freies Verweigerungsrecht zu.

Böckenförde[29] bezeichnet die Formulierung einer Bewilligungspflicht des Parlaments für alle rechtlich und staatlich notwendigen Ausgaben als zu den grundlegenden Sätzen des Budgetrechts gehörend, „die im konstitutionellen Staatsrecht herausgearbeitet wurden und bis heute seinen systematischen Ort innerhalb der Verfassung bestimmen". Er will jene Sätze sachlich ebenso auf die demokratische Verfassungsordnung des Grundgesetzes anwenden.

Unter Zugrundelegung dieser Thesen und Verweisen auf *Laband, Haenel* und *Jellinek* hat sich nunmehr *Lange*[30] in einer sehr ausführlichen Studie der Mühe unterzogen, diejenigen Ausgaben, zu deren Bewilligung das Parlament verpflichtet sein soll, im einzelnen herauszuarbeiten. Das Ergebnis dieser Bemühungen führt zu der Feststellung, daß sich der Kreis der „pflichtgemäß" zu bewilligenden Ausgaben genau mit dem Kreis der nach Art. 111 I GG auch ohne Haushaltsgesetz zulässigen Ausgaben deckt.

Anstatt aber nun an den naheliegenden Einwand zu denken, wieso das Parlament zur Bewilligung von Ausgaben verpflichtet sein soll, die die Regierung *wegen Art. 111 GG* auch ohne Bewilligung — sprich: Haushaltsgesetz — leisten darf, folgert *Lange* aus dieser Feststellung, gerade die Bewilligungspflicht sei es, die bewirke, daß die Regierung die von dieser Pflicht erfaßten Ausgaben ohne jede Ermächtigung, also ohne Haushaltsgesetz und ohne Inanspruchnahme des Art. 111 GG,

---

[28] *von Mangoldt* Art. 110, Anm. 4 (S. 587); ähnlich: *Giesen/Fricke* Art. 81, Rdn. 4 (S. 37) zu dem Art. 110 II GG entsprechenden Art. 81 III der Verfassung des Landes Nordrhein-Westfalen.
[29] *Böckenförde* S. 109 ff. (insbesondere S. 110).
[30] *Lange* Staat 11 (1972) 313 (insbesondere S. 317—325).

§ 13: „Budget-(bewilligungs-)pflicht" des Parlaments?

leisten dürfe[31]; dem Art. 111 I GG will er daher nur deklaratorischen Charakter zukommen lassen[32].

Hier zeigt sich einmal mehr, welch fatale Auswirkungen die unbesehene Übertragung verfassungsrechtlicher Lehren, die anhand „lückenhafter" Verfassungen zur Ausfüllung dieser „Lücken" entwickelt worden sind, auf Verfassungssysteme ohne derartige „Lücken" hat.

Lange kann zwar zu Recht *Laband*[33] als den Verfechter bestimmter parlamentarischer Bewilligungspflichten anführen; gerade die nach Laband zu bewilligenden Ausgaben haben aber im Grundgesetz ihre positive Ausdeutung in Art. 111 I GG erfahren.

Langes Sorge um den in jedem Falle zu gewährleistenden „kontinuierlichen Fortgang der Staatsgeschäfte"[34] bedarf zu ihrer Erledigung eben nicht der Konstruktion einer Budgetbewilligungspflicht. Dieser Sorge hat der Verfassunggeber durch die Aufnahme des Art. 111 in das Grundgesetz voll und ganz Rechnung getragen.

Gerade die Existenz des Art. 111 GG und seine unbefristete Anwendungsmöglichkeit erübrigen es, dem Bundestag die Möglichkeit der Ablehnung des Budgets — und zwar des *gesamten* Haushaltsentwurfes — als „weiche Form des Mißtrauensvotums"[35] aus der Hand zu nehmen[36].

Weil also Art. 111 GG auch für den Konfliktfall gilt, bedarf es nicht der Konstruktion einer parlamentarischen Budgetbewilligungspflicht[37].

---

[31] *Lange* Staat 11 (1972) 324.
[32] *Lange* Staat 11 (1972) 326.
[33] *Laband* Budgetrecht, S. 32 ff.
[34] *Lange* Staat 11 (1972) 322.
[35] *Henrichs* Diss., S. 201.
[36] Nicht zuletzt vermerkt selbst *Maunz* trotz seiner engen Interpretation des Geltungsbereiches des Art. 111 GG, daß, bestände ein Zwang zur Verabschiedung des Haushaltsgesetzes, das Haushaltsbewilligungsrecht des Bundestages vollends auf eine bloße Akklamation hinausliefe (FAZ Nr. 212 vom 13. 9. 1972, S. 2).
[37] *Budgetpflicht* des Parlaments heißt daher nicht mehr, als daß das Parlament *selbst* zur Beschlußfassung über den Haushalt berufen ist, sich seiner Pflicht also beispielsweise nicht durch Delegation entziehen kann. Nur im Sinne dieser sog. „*Selbstbefassungspflicht*" hat der Ausdruck „*Budgetpflicht*" eine sachliche Berechtigung.

4. Abschnitt

Rechtliche Möglichkeiten des Parlamentes, die Zeit der Haushaltsführung aufgrund Art. 111 GG zu beenden

Wie die bisherigen Ausführungen gezeigt haben, ist der Handlungsspielraum, den Art. 111 GG der Bundesregierung gewährt, jedenfalls so weit, daß das Parlament — zumal, wenn die Regierung nicht von seiner Mehrheit getragen wird — durchaus daran interessiert sein kann, die Anwendung des Art. 111 GG zu blockieren, *ohne* allerdings einen von der Regierung eingebrachten Haushaltsentwurf unverändert oder auch modifiziert verabschieden zu müssen.

Die nächstliegende Lösung wäre zweifellos der Sturz der Regierung durch ein konstruktives Mißtrauensvotum gemäß Art. 67 GG, um dadurch einer neuen Bundesregierung den Weg zu einem der Parlamentsmehrheit genehmen Haushaltsgebaren zu ebnen.

Das haushaltsrechtliche Lehrjahr 1972 hat indes demonstriert, daß gerade dieser Ausweg versperrt sein kann.

Von der Möglichkeit, Konfliktfragen, also insbesondere etwa die Frage nach der Einhaltung verfassungsrechtlicher Fristen, im Wege einer Organstreitigkeit gemäß Art. 93 I Nr. 1 GG vom Bundesverfassungsgericht klären zu lassen[1], abgesehen, bedürfen zwei denkbare Wege, die das Parlament gegen eine von ihm mißbilligte Haushaltsführung aufgrund Art. 111 GG beschreiten könnte, einer näheren Untersuchung. Es sind dies

> *erstens* der Weg zu einem *endgültigen* Haushaltsgesetz über eine Haushaltsgesetzesvorlage aus der Mitte des Bundestages (oder durch den Bundesrat)

und

> *zweitens* die *(vorläufige)* Lösung durch ein Gesetz über die vorläufige Haushaltsführung.

---

[1] Vgl. *Maunz* in: MDH, Art. 111, Rdn. 1.

§ 14: Die „Budgetinitiative"

1. Die einhellige Auffassung der Literatur

Das Gesetzgebungsverfahren bei der Feststellung des Haushaltsplanes richtet sich grundsätzlich nach den Art. 76 bis 78 GG.

Die dortige Regelung hat aber in der Literatur seit jeher, also insbesondere schon vor der Einführung des Art. 110 III GG durch die Haushaltsreform im Jahre 1969, für den Haushalt eine Einschränkung dahingehend erfahren, daß die Gesetzesinitiative[2] abweichend von Art. 76 I GG ausschließlich der Bundesregierung zusteht[3]. *Von Mangoldt* und *Franz Klein* stützen diese These eines reinen *„Exekutivbudgets"* unter Hinweis auf *Heckel* und *Anschütz* auf eine in Deutschland insoweit ungebrochene rechtsgeschichtliche Tradition[4].

2. Keine entgegenstehende Entscheidung des Bundesverfassungsgerichts

Das Bundesverfassungsgericht hat in seinem Urteil vom 6. 3. 1952[5] ausdrücklich festgestellt, daß sich Art. 110 II 2 GG a. F.[6] (Gebot des Haushaltsausgleichs) nur auf den Gesetzesbeschluß, durch den der Haushaltsplan festgestellt wird, bezieht, „*jedoch das Initiativrecht aus der Mitte des Bundestags nicht berührt.*"

Trotz dieser Formulierung steht die Entscheidung aber der Annahme eines Haushaltsinitiativmonopols der Regierung nicht entgegen. Die Entscheidung betraf nämlich *ausschließlich* den § 96 der Geschäftsordnung des Deutschen Bundestages vom 6. 12. 1951, der mit „Finanzvorlagen" überschrieben war, *nicht* den mit „Haushaltsvorlagen" überschriebenen § 94[7]. Lediglich eine Beschränkung des Initiativrechts für

---

[2] „Initiative" bedeutet hier nur die Einbringung des Haushaltsgesetzesentwurfs, nicht die Einbringung von Änderungsanträgen zum Entwurf der Regierung.
[3] So für die Literatur vor 1969: *Graf* DVBl. 1965, 932 („ungeschriebener Verfassungsgrundsatz, der bislang niemals bestritten worden ist"); *Henle* S. 77; *von Mangoldt* Art. 110, Anm. 3 (S. 583); *Neumark* in: HdbFW, Bd. 1, S. 563.
[4] *von Mangoldt* Art. 110, Anm. 3 (S. 583); *Klein* (in: SBK, Art. 110, Rdn. 7) übernimmt z. B. wörtlich die eindrucksvolle Begründung für das Initiativmonopol der Regierung von Johannes *Heckel* in: HdbDStR Bd. 2, S. 394: „Die Prärogative der Regierung entspricht ihrer allgemeinen Befugnis und Verpflichtung zur Führung der Innen- und Außenpolitik; *in dem Monopol zur Vorlage des Budgetentwurfs* findet sie eine besonders wichtige Ausprägung."
[5] BVerfGE 1, 144 (161).
[6] Entspricht Art. 110 I 2 GG n. F.
[7] Auch die heute geltende Geschäftsordnung des Deutschen Bundestages vom 22. 5. 1970 (BGBl. I S. 628) unterscheidet zwischen „Haushaltsvorlagen", zu denen der hier allein interessierende Haushaltsgesetzesentwurf gehört, in § 94 und „Finanzvorlagen" in § 96.

Finanzvorlagen[8], zu denen der Haushaltsentwurf nicht gehört, wurde für verfassungswidrig erklärt und damit gleichzeitig festgestellt, daß das Recht des Bundestages, Haushaltsvorlagen der Bundesregierung zu ändern, unberührt bleibt.

3. Die Bedeutung des Art. 110 III GG

Der durch das 20. Gesetz zur Änderung des Grundgesetzes vom 12. 5. 1969[9] neu eingefügte Art. 110 III GG bestimmt, daß die Gesetzesvorlage nach Art. 110 II 1 GG (der Haushaltsgesetzesentwurf) gleichzeitig mit der Zuleitung an den Bundesrat beim Bundestag eingebracht wird. Nach überwiegender Auffassung wurde damit nicht nur ein beschleunigtes Gesetzgebungsverfahren für das Haushaltsgesetz eingeführt, sondern zugleich das Monopol der Bundesregierung zur Einbringung des Haushaltsgesetzesentwurfs *positiv normiert*[10].

Letzteres mag zweifelhaft sein; jedenfalls geht Art. 110 III GG zumindest von einem Initiativmonopol der Regierung aus[11], wenn er gerade und nur den ausschließlich Gesetzesvorlagen der Bundesregierung betreffenden Art. 76 II GG für das Haushaltsgesetzgebungsverfahren modifiziert.

4. Das faktische Initiativmonopol der Bundesregierung

Letztlich wäre jede Diskussion der Frage, ob die Beschränkung des Haushaltsinitiativrechts auf die Bundesregierung geschriebenem oder ungeschriebenem Verfassungsrecht entspringt, nur eine theoretische Denkübung.

Faktisch ist jedenfalls allein die Bundesregierung mit dem ihr zur Verfügung stehenden Apparat *in der Lage,* einen Entwurf des Haushaltsplanes aufzustellen[12].

Angesichts des Umfangs und der Kompliziertheit der Bundeshaushaltspläne ist ein den wichtigsten Haushaltsgrundsätzen, als da insbesondere sind: Vollständigkeit, Ausgeglichenheit, Spezialität, Haushalts-

---

[8] Der Begriff „Finanzvorlagen" ist definiert in § 96 I der geltenden Geschäftsordnung des Bundestages vom 22. 5. 1970 (§ 96 II der Fassung vom 6. 12. 1951).
[9] BGBl. I S. 357.
[10] *Giesen/Fricke* Art. 81, Rdn. 37 (S. 71); *Klein* in: SBK, Art. 110, Rdn. 6; widersprüchlich *Maunz* in: MDH, Art. 110, Rdn. 12, 14, der an einer Stelle (Rdn. 12) erklärt, aus Art. 110 III GG ergebe sich das ausschließliche Gesetzesinitiativrecht der Bundesregierung, an anderer Stelle (Rdn. 14) aber meint, das Monopol der Regierung sei im Grundgesetz nirgends ausdrücklich festgelegt.
[11] So die vorsichtige Formulierung bei *Piduch* Art. 110 GG, Anm. 15.
[12] So auch: *Henle* S. 77; *Neumark* in: HdbFW, Bd. 1, S. 563.

wahrheit und -klarheit, auch nur angenäherter Bundeshaushaltsentwurf nur mit Hilfe einer umfangreichen und spezialisierten Fachbürokratie zu erstellen, auf die weder Bundestag noch Bundesrat zurückgreifen können.

Eine Ausdehnung des Initiativrechts auf das Parlament scheitert daher an den praktischen Gegebenheiten[13]. Alle haushaltsrechtlichen und haushaltspolitischen Bestrebungen des Parlamentes sind heute derart eingeengt, daß selbst die tatsächliche Möglichkeit des Parlamentes, von seinem unbestrittenen Recht, die Haushaltsvorlage der Regierung zu ändern[14], *sachgemäß* Gebrauch zu machen, in Zweifel gezogen werden kann.

An dieser unüberwindbaren praktischen Schranke müssen auch alle Überlegungen enden, das Initiativrecht wenigstens für den Fall eines vom Parlament mißbilligten Verstoßes der Bundesregierung gegen den Vorherigkeitsgrundsatz auf den Kreis der ansonsten neben der Bundesregierung gemäß Art. 76 I GG Gesetzesinitiativberechtigten „überspringen" zu lassen.

Der Weg, über die Einbringung (und Verabschiedung) einer Haushaltsgesetzesvorlage aus seiner Mitte (oder durch den Bundesrat) die Anwendung des Art. 111 GG zu blockieren, ist dem Parlament also aus rechtlichen und vor allem aus faktischen Gründen versperrt.

§ 15: Die sog. Gesetze über die vorläufige Haushaltsführung

Als zweiter Weg zu dem Ziele, der Bundesregierung die Haushaltsführung aufgrund Art. 111 GG wenigstens vorläufig zu verwehren, kommt für den Bundestag die Verabschiedung eines Gesetzes über die vorläufige Haushaltsführung in Betracht.

Die Eignung dieses Weges ist aus doppeltem Grund in Zweifel zu ziehen:

Zunächst wird zu prüfen sein, ob das Grundgesetz mit der positivierten Lösung der Nothaushaltsfrage durch die „aus guten Gründen von Verfassungs wegen"[15] an die Bundesregierung erteilte Ermächtigung

---

[13] Dies gilt um so mehr, als eine Ausdehnung des Initiativrechtes wegen des Vorherigkeitserfordernisses zugleich eine Ausdehnung der Initiativpflicht bedeuten würde, vgl. *Piduch* Art. 110, Anm. 15.

[14] Nur dieses *Änderungs*recht des Parlamentes meint etwa *Heinig* (Bd. 1, S. 266 ff.) in seiner eingehenden Untersuchung des parlamentarischen „Initiativrechts"; für *Heinig* (Bd. 1, S. 266) ist das absolute parlamentarische *Änderungs*recht „bis zur letzten Einzelheit jedes Budgetvorschlags der Regierung" sogar die äußerste *denkbare* Grenze des Initiativrechts; eine Einbringung des Haushalts aus der Mitte des Parlaments zieht er nicht einmal in Betracht.

[15] *Maunz* in: MDH, Art. 111, Rdn. 2.

nicht alle anderen denkbaren Wege zur Regelung der vorläufigen Haushaltswirtschaft ausgeschlossen hat.

Selbst wenn aber Art. 111 GG Gesetze über die vorläufige Haushaltsführung grundsätzlich nicht ausschließen sollte, müßte dann immer noch das Verhältnis zwischen der grundgesetzlichen Ermächtigung und den einfach-gesetzlichen Ermächtigungen in den genannten Gesetzen geklärt werden.

Zu beiden Problemen gilt es, Stellung zu nehmen.

1. Die Gesetze vom 23. Juni 1950 und vom 24. April 1951

Daß die Erörterung dieses „zweiten Weges" nicht bloß theoretischer Natur ist, zeigt bereits die Tatsache, daß sich die gesetzgebenden Körperschaften in den Jahren 1950 und 1951 durch Art. 111 GG nicht daran gehindert sahen, jeweils ein „Gesetz über die vorläufige Haushaltsführung der Bundesverwaltung" zu beschließen[16]. Während die Gesetzesvorlage im Jahre 1950 von der Bundesregierung eingebracht worden war, erging das Gesetz im Jahre 1951 *auf Antrag aus der Mitte des Bundestages*[17].

Beide Gesetze, die im wesentlichen übereinstimmende Regelungen enthielten, ermächtigten die Bundesregierung auch zur Leistung von in Art. 111 I GG nicht vorgesehenen Ausgaben[18]. Nach ausdrücklicher Bestimmung durften mit Zustimmung des Bundesfinanzministers selbst Ausgaben für neue Aufgaben getätigt werden; allerdings war — abgesehen von Maßnahmen, die keinen Aufschub duldeten — ab einer bestimmten Höhe[19] bei Sachausgaben für neue Aufgaben auch die Zustimmung des Haushaltsausschusses des Bundestages erforderlich. Der Haushaltsausschuß konnte auf Vorschlag des Bundesfinanzministers für die Durchführung einer neuen Aufgabe sogar neue Planstellen bewilligen.

Beide Gesetze beschränkten aber auf der anderen Seite den Kreditplafond für die Geltungsdauer der Gesetze auf 1,5 Milliarden[20] bzw. 2 Milliarden[21] DM und setzten — allerdings nur in Form einer Soll-Vorschrift — für die laufenden Ausgaben, zu denen die in Art. 111 I GG genannten gehören, als monatliche Obergrenze ein Sechstel bzw. ein Zwölftel der Ansätze des Vorjahreshaushalts fest[22].

---

[16] Gesetze vom 23. 6. 1950 (BGBl. S. 219) und vom 24. 4. 1951 (BGBl. II S. 67).

[17] Vgl. Bundestags-Drucksache I/2044.

[18] Vgl. § 3 beider Gesetze.

[19] Nach beiden Gesetzen ab dem Betrag von 300.000 DM bei dem jeweils einschlägigen Ausgabetitel.

[20] § 8 des Gesetzes vom 23. 6. 1950.

[21] § 7 des Gesetzes vom 24. 4. 1951.

[22] § 2 I beider Gesetze.

§ 15: Die sog. Gesetze über die vorläufige Haushaltsführung 77

2. Die Zulässigkeit derartiger Gesetze nach der Verfassungsrechtslehre

Die Literatur hat zur Zulässigkeit der angesprochenen Gesetze und ihrer Rechtswirkung nur vereinzelt und nicht immer frei von Widersprüchen Stellung genommen.

a) Die überwiegende Auffassung

Vialon hat zwar bereits 1951 darauf hingewiesen, daß das Grundgesetz „an sich" vorläufige Haushaltsführungsgesetze mißbillige, indem es die bis zum Inkrafttreten des Haushaltsplanes zulässigen Maßnahmen generell regele[23]. Die Halbherzigkeit dieses Verdiktes zeigt sich aber nicht nur in der Formulierung „an sich", sondern auch in der unmittelbar anschließenden Beurteilung der entsprechenden Gesetze der Rechnungsjahre 1950 und 1951, denen *Vialon* zwar „viele Mängel" attestierte, die aber dennoch nach seiner Auffassung „mit dem guten Willen aller Beteiligten eine geordnete Aufrechterhaltung der Haushaltswirtschaft" ermöglichten[24].

An anderer Stelle[25] erklärt *Vialon*, Gesetze über die vorläufige Haushaltsführung schränkten die grundgesetzliche Verantwortung der Bundesregierung für den Überbrückungszeitraum ein, und außerdem könnten Beschlüsse des Haushaltsausschusses[26] nicht das Recht des Plenums des Bundestages und der Gesamtheit des Bundesrates auf kritische Beurteilung der exekutiven Notmaßnahmen beschneiden. Am gleichen Ort[27] bezeichnet er jedoch die Verfassungsmäßigkeit derartiger Gesetze lediglich als „zweifelhaft"[28].

Auch *Vialon* nähert sich also letztlich der Auffassung derer, die in der Vereinbarkeit der vorläufigen Haushaltsführungsgesetze mit dem Grundgesetz keine Probleme sehen und daher die Zulässigkeit dieser Gesetze nicht einmal begründen, sondern lediglich feststellen, daß der Regelung des Art. 111 GG keine Ausschlußfunktion zukomme[29].

Sowohl *von Mangoldt* als auch *Piduch* als Hauptverfechter der Zulässigkeit vorläufiger Haushaltsführungsgesetze beschränken aber deren

---

[23] *Vialon* AöR 77 (1951/52) 28.
[24] *Vialon* a.a.O.
[25] *Vialon* (Haushaltsrecht), S. 71.
[26] Siehe oben 1., Text bei Fn. 19; vgl. die §§ 3 II, 4 der Gesetze von 1950 und 1951.
[27] *Vialon* § 22 RHO, Anm. 4 (S. 483).
[28] Für 1950 und 1951 bedurfte es nach der Auffassung *Vialons* (S. 483) sogar derartiger Gesetze, da im ersten Jahr kein „Vorjahresplan", im zweiten ein Wiederholungshaushalt vorlag.
[29] So: *von Mangoldt* Art. 111, Anm. 2 (S. 590); *Maunz* in: MDH, Art. 111, Rdn. 3; *Piduch* Art. 111 GG, Anm. 5.

verfassungsgemäßen Inhalt auf eine Ergänzung und Erweiterung der in Art. 111 GG gegebenen Ermächtigung und verneinen die Möglichkeit jeder materiellen Einschränkung des Art. 111 GG durch einfaches Gesetz[30].

Sogar diejenigen, die dem Parlament die Verabschiedung eines Gesetzes über die vorläufige Haushaltsführung nicht verwehren wollen, gestehen ihm also nicht zu, nach Art. 111 I GG zulässige Ausgaben zu blockieren.

b) Die Auffassung Karldieter Schmidts

Gegenüber dieser im Grunde genommen einhelligen Auffassung behauptet lediglich *Karldieter Schmidt* die uneingeschränkte verfassungsrechtliche Unzulässigkeit der vorläufigen Haushaltsführungsgesetze, indem er die Diskussion auf eine neue — wie aber gleich zu zeigen ist, wenig tragfähige — Grundlage stellt[31].

Für *Karldieter Schmidt* verstoßen Gesetze über die vorläufige Haushaltsführung als Einzelfall- und Maßnahmegesetze gegen das Prinzip der Rechtsstaatlichkeit und gegen den Grundsatz der Gewaltenteilung, da sie erstens das verfassungsrechtliche Gebot der Rechtssicherheit verletzten, indem sie den bei Etatverzögerungen oder -verweigerungen nach der Verfassung generell anzuwendenden Art. 111 GG durch eine von Fall zu Fall verschiedene spezialgesetzliche Regelung ersetzten, und zweitens zu einer Verschiebung des von der Verfassung bei solchen Gelegenheiten gewollten Kräfteverhältnisses zwischen Bundesregierung, Bundestag und Bundesrat führten, weil sie eine nach Art. 111 GG im Verwaltungswege zu treffende Entscheidung nach ihrer Zweckrichtung zumindest teilweise durch eine besondere gesetzliche Regelung ersetzten[32].

Diese Argumentation geht bereits im Ansatz fehl. Selbst wenn man unterstellt, daß vorläufige Haushaltsführungsgesetze überhaupt den keineswegs identischen und überaus schillernden Begriffen des Einzelfallgesetzes und des Maßnahmegesetzes[33] zugeordnet werden können, so folgt jedenfalls aus einer derartigen Zuordnung im Gegensatz zur Auffassung *Karldieter Schmidts* nicht ipso iure ihre Verfassungswidrigkeit. Hier genügt der Hinweis auf die gefestigte Rechtsprechung des Bundesverfassungsgerichts[34], das den Begriff des Maßnahmegesetzes mit

---
[30] *von Mangoldt* Art. 111, Anm. 2 (S. 591); *Piduch* Art. 111 GG, Anm. 5.
[31] *Karldieter Schmidt* S. 92 ff.
[32] *Karldieter Schmidt* S. 99.
[33] Siehe dazu etwa: *Forsthoff* in: Gedächtnisschrift für Walter Jellinek, 2. Aufl., o. J., München (unveränderter Nachdruck der 1. Aufl. 1955), S. 221 ff.; weitere Quellenangaben bei *Maunz* in: MDH, Art. 20, Rdn. 93 ff.
[34] BVerfGE 4, 7 (18 f.); 10, 89 (108); 15, 126 (146 f.); 24, 33 (52); 25, 371 (396 ff.).

§ 15: Die sog. Gesetze über die vorläufige Haushaltsführung   79

aller Deutlichkeit für verfassungsrechtlich irrelevant[35] und Einzelfallgesetze als solche für nach dem Grundgesetz nicht schlechthin, sondern lediglich nach Maßgabe des Art. 19 I 1 GG unzulässig erklärt[36]. Auch aus dem Rechtsstaatsprinzip läßt sich kein generelles Verbot derartiger Gesetze herleiten[37].

Wie wenig Gesetze über die vorläufige Haushaltsführung darüber hinaus das von der Verfassung gewollte innerstaatliche Kräfteverhältnis verschieben können, sollen die folgenden Ausführungen zeigen.

3. Die Grenzen der Rechtswirkungen vorläufiger Haushaltsführungsgesetze

Mit der Feststellung ihrer grundsätzlichen verfassungsrechtlichen Zulässigkeit ist noch nichts über die Grenzen der Rechtswirkungen vorläufiger Haushaltsführungsgesetze gesagt.

Ein Instrument zur Beschneidung und zur (teilweisen) Blockierung der nach Art. 111 GG zulässigen Ausgabenwirtschaft wären sie für das Parlament nur dann, wenn dieses sich über die von *von Mangoldt* und *von Piduch* postulierte Beschränkung des verfassungsgemäßen Inhalts derartiger Gesetze auf eine Ergänzung und Erweiterung der in Art. 111 GG gegebenen Ermächtigung[38] hinwegsetzen könnte.

Die Verfassungswidrigkeit einer materiellen Einschränkung des Art. 111 GG durch ein Gesetz über die vorläufige Haushaltsführung folgt jedoch zwangsläufig aus den im 3. Abschnitt dieser Arbeit gefundenen Ergebnissen[39]:

Wie die dortigen Untersuchungen gezeigt haben, ist die Verkündung des Bundeshaushaltsgesetzes der *einzige* Tatbestand, der der Berechtigung der Bundesregierung zur Haushaltsführung aufgrund Art. 111 GG zeitlich ein Ende setzt.

Bei einem Gesetz über die vorläufige Haushaltsführung handelt es sich aber gerade nicht um den allein in Art. 110 und 111 I GG angesprochenen durch Gesetz festgestellten Haushaltsplan. Dieselbe lapidare Erkenntnis also, die völlig zu Recht den bedeutendsten Haushaltstheoretikern zur Zeit der Weimarer Reichsverfassung genügt hat, um allen Einwänden gegen vorläufige Haushaltsführungsgesetze aus dem damals wie heute *für das Haushaltsgesetz* geltenden Grundsatz der Ein-

---
[35] BVerfGE 25, 396.
[36] BVerfGE 25, 398.
[37] BVerfGE 25, 398; auf die dortige Begründung wird in vollem Umfang verwiesen.
[38] *von Mangoldt* Art. 111, Anm. 2 (S. 591); *Piduch* Art. 111 GG, Anm. 5; siehe auch oben 2., a, bei Fn. 30.
[39] Siehe insbesondere § 12, 4.

jährigkeit entgegenzutreten[40], bewirkt, daß Gesetze über die vorläufige Haushaltsführung die in Art. 111 GG der Bundesregierung erteilten Ermächtigungen nicht einschränken, sondern allenfalls umschreiben und erweitern können[41].

Letztlich eröffnet daher auch die Verabschiedung eines Gesetzes über die vorläufige Haushaltsführung dem Parlament keinen Weg, die Anwendung des Art. 111 GG zu blockieren und damit das von der Verfassung für die Zeit der Haushaltsführung ohne Haushaltsgesetz gewollte Kräfteverhältnis zwischen Bundesregierung und Bundestag zu verschieben.

4. Die Verfassungsmäßigkeit der Gesetze vom 23. Juni 1950 und vom 24. April 1951

Der Vollständigkeit halber sei abschließend vermerkt, daß sich auch die beiden bisher einzigen vorläufigen Haushaltsführungsgesetze des Bundes auf die allein zulässige und mögliche Erweiterung der bereits nach Art. 111 GG bestehenden Ermächtigung beschränkt haben, obwohl sie neben eindeutig ermächtigungserweiternden Bestimmungen[42] eine Anbindung der Ausgabenermächtigung an das sog. „vorläufige Sechstel bzw. Zwölftel"[43] und eine ziffernmäßige Festlegung des Kreditplafonds[44] enthielten. Die in der Anbindung an den Vorjahreshaushalt liegende Einschränkung stellt bereits deshalb keine verfassungswidrige Beschränkung dar, weil es sich insoweit um bloße Soll-Vorschriften handelte. Die Beschränkung des Kreditplafonds auf 1,5 bzw. 2 Milliarden DM unterschritt zwar erheblich die Summe des Viertels der Endsumme des abgelaufenen Haushaltsplanes[45]; damit wurde aber nur die *zweite* Grenze der Kreditermächtigung des Art. 111 II GG[46] modifiziert. 2 Milliarden DM lagen jedoch beispielsweise im Jahre 1951 so weit *über* der in Art. 111 II GG gezogenen *ersten* Grenze[46], daß von einer Beschränkung der grundgesetzlichen Ermächtigung keine Rede sein konnte.

---

[40] Siehe oben § 4, 3., a).

[41] Nur weil die Gesetze über die vorläufige Haushaltsführung keine „Haushaltsgesetze" sind, konnte auch das Gesetz vom 24. 4. 1951 ohne Verletzung des für das Haushaltsgesetz bestehenden Initiativmonopols der Bundesregierung aus der Mitte des Bundestages eingebracht werden!

[42] Siehe oben 1. bei Fn. 18, 19; nur über den Rahmen des Art. 111 I GG hinausgehende Ausgaben wurden im übrigen auch der Zusimmung des Haushaltsausschusses unterworfen.

[43] Siehe oben 1. bei Fn. 22.

[44] Siehe oben 1. bei Fn. 20, 21.

[45] Der Bundeshaushalt für das Rechnungsjahr 1950 wurde z. B. auf 16 Milliarden DM festgestellt (Bundeshaushaltsgesetz 1950 vom 29. 6. 1951, BGBl. II S. 125).

[46] Siehe oben § 9, 3.

§ 15: Die sog. Gesetze über die vorläufige Haushaltsführung

Auch die Kreditermächtigung wurde also wegen der gesetzlich erweiterten Ausgabenermächtigung *erweitert*.

Als lediglich ermächtigungserweiternde Gesetze waren also auch die beiden „Nothaushaltsgesetze" von 1950 und 1951 verfassungsrechtlich nicht zu beanstanden. Zu ihrer Rechtfertigung bedarf es keines Rückgriffs auf die besondere historische Lage, vor der die Bundesverwaltung in den unmittelbaren Nachkriegsjahren stand[47].

5. Ergebnis

Im Ergebnis eröffnet also auch die Verabschiedung eines Gesetzes über die vorläufige Haushaltsführung dem Bundestag keinen Weg, gegen eine von ihm mißbilligte Haushaltsführung der Bundesregierung aufgrund Art. 111 GG einzuschreiten. Die dergestalt offenbar werdende starke Position der Regierung sollte indes nicht beunruhigen, da das Grundgesetz diese starke Position der Regierung nur für den Fall einräumt, daß der Bundestag zwar nicht mehrheitlich hinter der vorläufigen Ausgabenwirtschaft der Bundesregierung steht, aber nicht imstande ist, die Regierung im Wege des Art. 67 GG zu stürzen.

---

[47] A.A. *Karldieter Schmidt* S. 99 ff.; siehe auch *Vialon* § 22 RHO (S. 483).

5. *Abschnitt*

Rechtliche Möglichkeiten der Bundesregierung, die Schranken der Ausgabentätigkeit aus Art. 111 I GG ohne Mitwirkung des Bundestages zu erweitern

Ebenso wie im Falle fehlender Übereinstimmung zwischen den am Zustandekommen des Haushaltsgesetzes beteiligten Staatsorganen dem Bundestag die der Bundesregierung in Art. 111 GG erteilte Ermächtigung zu weit erscheinen mag, kann eine Bundesregierung, die trotz des Konfliktes weiterregieren will, versucht sein, die ihrer Ausgabenwirtschaft in Art. 111 I GG gezogenen Schranken zu erweitern.

Das Interesse an einer derartigen Erweiterung sollte nicht gering veranschlagt werden, verhindert doch die bloße Verweisung der Bundesregierung auf Art. 111 GG eine Reihe von Maßnahmen — als da z. B. sind: Schaffung neuer Planstellen, Ankurbelung der Wirtschaft durch Übernahme von Bürgschaften oder durch Leistung zusätzlicher Ausgaben im Sinne von § 6 II 1 StabilitätsG —, denen in der politischen Szene eine hohe „Werbewirksamkeit" zukommt, ein Effekt also, auf den gerade eine mangels ausreichenden parlamentarischen Rückhalts schwache Bundesregierung in besonderem Maße Wert legen wird.

Auch für die Bundesregierung bieten sich zwei Wege an:

Einmal die Verabschiedung eines (*endgültigen*) Haushaltsgesetzes ohne Mitwirkung des Bundestages nach Art. 81 GG,

und

zum anderen die Erweiterung ihrer Befugnisse aus Art. 111 GG durch den (zusätzlichen) Rückgriff auf Art. 112 GG.

Die verfassungsrechtliche Zulässigkeit beider Wege ist nicht unbestritten und bedarf einer näheren Untersuchung.

§ 16: Die Feststellung des Haushaltsplanes nach Art. 81 GG

Die Frage, ob das Bundeshaushaltsgesetz auch im Wege des sog. Gesetzgebungsnotstandes nach Art. 81 GG verabschiedet werden kann, ist bereits wenige Monate nach Inkrafttreten des Grundgesetzes im Rah-

§ 16: Die Feststellung des Haushaltsplanes nach Art. 81 GG

men der Verhandlungen der Tagung der Deutschen Staatsrechtslehrer zu Heidelberg am 20. und 21. Oktober 1949 zur Sprache gekommen[1].

Schon die damalige Diskussion verlief kontrovers und führte zu keiner einheitlichen Stellungnahme. Sie wurde dadurch erschwert, daß sich zumindest in der unmittelbaren Entstehungsgeschichte der späteren Art. 81, 110 und 111 GG keine Anhaltspunkte für eine Lösung der Frage finden[2].

So verwundert es auch kaum, wenn in einem der ersten Kommentare zum Bonner Grundgesetz im Rahmen der Erläuterungen zu Art. 81 und derjenigen zu Art. 110 unterschiedliche Auffassungen vertreten werden[3].

Da in den ersten beiden Jahrzehnten des Bestehens der Bundesrepublik Deutschland niemals auch nur der Fall des Art. 68 GG, also das Scheitern der vom Bundeskanzler gestellten Vertrauensfrage, als verfassungsrechtliche Voraussetzung des Art. 81 GG vorlag, wurde das Problem mangels praktischer Relevanz stets nur am Rande diskutiert[4]. Diese Situation hat sich aufgrund der im Jahre 1972 auf der bundespolitischen Bühne vorgefundenen Konstellation grundlegend geändert.

Damals wurde zum ersten Mal in der bundesdeutschen Geschichte die Entscheidung über den Haushaltsplan und die Weiterführung der Haushaltswirtschaft zur politischen Machtprobe, die — wie *Feuchte*[5] zutreffend bemerkt — unmittelbar mit dem Problem der Vertrauensfrage, des Gesetzgebungsnotstandes und der Neuwahlen verknüpft war.

Im Gefolge der neu entfachten Diskussion über das Nothaushaltsrecht überhaupt fand auch das Verhältnis zwischen Art. 110 II GG und Art. 81 GG wieder stärkere Beachtung[6].

---

[1] Siehe die Stellungnahmen von *Hans Schneider* VVDStRL 8 (1950) 50 und *Merk* VVDStRL 8 (1950) 60 (Diskussionsbeitrag).
[2] Vgl. *Füsslein* JbÖffR NF 1 (1951) 592 ff. und 809 ff.
[3] *von Mangoldt* bezeichnet es in seiner Anm. 3 zu Art. 81 (S. 440) als sehr zweifelhaft, ob Art. 81 im Falle des Art. 110 *keine* Anwendung findet, während er in Anm. 3 zu Art. 110 (S. 583) — allerdings nicht ohne den Widerspruch selbst zu vermerken — feststellt, daß der Haushalt nicht im Verfahren des Gesetzgebungsnotstandes verabschiedet werden kann.
[4] So konnte es beispielsweise *Schick* JZ 1967, 271 (273) noch im Jahre 1967 in einer ansonsten sehr gründlichen Auseinandersetzung mit Haushaltsplan und Haushaltsgesetz ohne weitere Erörterung als ungeklärtes Problem bezeichnen, ob das Haushaltsgesetz das normale Gesetzgebungsverfahren der Art. 76 ff. GG durchlaufen muß oder ob es auch im Wege des Gesetzgebungsnotstandes nach Art. 81 GG verabschiedet werden kann.
[5] *Feuchte* AöR 97 (1972) 538.
[6] Siehe nur die noch 1972 erschienenen Aufsätze von *Feuchte* AöR 97 (1972) 538, 561 ff. und *Lange* Staat 11 (1972) 313, 329.

1. Das Verhältnis zwischen Art. 110 II GG und Art. 81 GG im Spiegel der Verfassungsrechtslehre

a) These: Der Haushaltsplan kann nicht nach Art. 81 GG festgestellt werden

Die Verfechter der These, daß das Haushaltsgesetz *nicht* im Wege des Gesetzgebungsnotstandes gemäß Art. 81 GG verabschiedet werden könne[7], stützen ihre Auffassung auf zwei Argumente:

Wenn *Hans Schneider* lapidar feststellt, für den Fall, daß der Haushaltsplan nicht rechtzeitig verabschiedet sein sollte, gebe Art. 111 GG der Regierung die erforderlichen Handhaben[8], so kann diese Bemerkung im Zusammenhang mit seinen übrigen Ausführungen nur bedeuten, daß er Art. 111 GG als lex specialis zu Art. 81 GG ansieht oder zumindest der Auffassung ist, durch Art. 111 GG werde die Anwendung des Art. 81 GG überflüssig.

Maunz[9] sieht mit *Hans Schneider* in Art. 110 II GG eine besondere Mitwirkung der Volksvertretung als solcher außerhalb ihrer allgemeinen Gesetzgebungskompetenz garantiert; diese Mitwirkung könne auch nicht für einen einmaligen konkreten Fall durch Notstandsgesetz (i. S. d. Art. 81 II GG) ausgeschaltet werden. Hans Schneider weist zusätzlich auf die besondere Funktion des Art. 81 GG hin, der keine „allgemeine Gebrechlichkeitspflegschaft für die parlamentarische Körperschaft" sein solle, sondern lediglich einen „Reserve-Gesetzgeber" schaffe[10]. Diese Gedanken greift auch *Karldieter Schmidt*[11] auf, indem er behauptet, die Wahrung der Gesetzesform für die Verabschiedung des Haushaltsplanes sei lediglich eine gesetzestechnisch vereinfachte Formel für die Sicherung der Mitwirkung des Parlamentes. Wesentlich im Rahmen des Art. 110 II GG sei aber die Einschaltung des Bundestages, nicht die Wahrung einer Form; daher seien Gesetze, die ausnahmsweise ohne Mitwirkung des Bundestages verabschiedet werden können, für die Feststellung des Haushaltsplanes ungeeignet, zumal auch die politische Funktion der Mitwirkung des Bundestages bei der Etatgesetzgebung durch kein anderes Organ — insbesondere nicht durch den Bundesrat — ersetzt werden könne[12].

---

[7] *Maunz* in: MDH, Art. 81, Rdn. 23 und Art. 110, Rdn. 13; *Karldieter Schmidt* S. 102 ff.; *Hans Schneider* VVDStRL 8 (1950) 49 f.; *Wacke* S. 81, Fn. 115 a (ohne Begründung); siehe auch: Institut FSt. Brief 129, S. 6.
[8] *Hans Schneider* VVDStRL 8 (1950) 50.
[9] *Maunz* in: MDH, Art. 81, Rdn. 23.
[10] *Hans Schneider* VVDStRL 8 (1950) 49.
[11] *Karldieter Schmidt* S. 103 ff.
[12] *Karldieter Schmidt* S. 106 und 108.

§ 16: Die Feststellung des Haushaltsplanes nach Art. 81 GG

b) Gegenthese: Der Haushaltsplan kann auch durch ein nach Art. 81 GG zustande gekommenes Gesetz festgestellt werden

Soweit die Verfechter der Gegenthese, daß der Haushaltsplan auch durch ein nach Art. 81 GG zustande gekommenes Gesetz festgestellt werden könne[13], nicht auf eine Begründung ganz verzichten, legen sie ihrer Auffassung die folgenden Argumente zugrunde:

Zunächst wird unter Hinweis auf die grundverschiedenen Ziele und Rechtsfolgen des Art. 81 GG einerseits und des Art. 111 GG andererseits bemerkt, Art. 111 GG sei keinesfalls eine Ausschließlichkeit beanspruchende Spezialregelung gegenüber der allgemeinen Notstandsregelung des Art. 81 GG[14], zumal durchaus ein Bedürfnis für die Anwendung beider Vorschriften nebeneinander bestehe[15]. *Feuchte*[16] betont ergänzend, daß auch die verfassungspolitische Ausgangssituation für die Anwendung beider Vorschriften zu verschieden sei, um Art. 111 GG als das gegenüber Art. 81 GG speziellere Gesetz zu betrachten, denn, während für Art. 81 GG ein Konflikt zwischen Regierung und Parlament typisch sei, bei dem der Regierung wegen der Unterstützung durch Bundespräsident und Bundesrat die stärkere Stellung zuerkannt werde, erfordere Art. 111 GG keinerlei Zusammenwirken der Regierung mit anderen Organen. Die Regierung erscheine vielmehr während ihres Agierens auf der Plattform des Art. 111 GG „nicht so sehr als Widerpart des Parlaments, denn als ein getreuer Verwalter ohne eigene Machtposition"[17]. Von dieser Grundhaltung her ist es nur konsequent, wenn Feuchte zu dem Schluß kommt, einer vom Parlament nicht mehr getragenen Regierung stehe unter Umständen überhaupt nicht der Weg des Art. 111 GG, sondern nur der des Art. 81 GG offen[18].

Lange[19] nimmt die Funktion des Haushaltsplanes als „Bestimmung der zu leistenden Ausgaben" zum Ausgangspunkt seiner Begründung. Diese Funktion gehöre noch eher zum exekutiven Bereich als der (sonstige) Gesetzesbeschluß, so daß eine Feststellung des Haushaltsplans im Wege des Art. 81 GG eher weniger in den Bereich der Legislative eingreife, als es im Gesetzgebungsnotstand schon allgemein vorgesehen ist.

---

[13] *Dreher* NJW 1950, 132 (ohne Begründung); *Feuchte* AöR 97 (1972) 561 ff.; *Hamann/Lenz* Art. 81; Anm. B 2 (ohne Begründung); *Lange* Staat 11 (1972) 329; *von Mangoldt/Klein* Art. 81, Anm. VII 3 c; *Merk* VVDStRL 8 (1950) 60 (Diskussionsbeitrag); *Schmidt-Bleibtreu* in: SBK, Art. 81, Rdn. 5 (ohne Begründung); *Rolf Simon* S. 143 ff.; *Trossmann* S. 143.
[14] *Merk* VVDStRL 8 (1950) 60; *Rolf Simon* S. 143.
[15] *von Mangoldt/Klein* Art. 81, Anm. VII 3 c.
[16] *Feuchte* AöR 97 (1972) 562 ff.
[17] *Feuchte* AöR 97 (1972) 563.
[18] *Feuchte* AöR 97 (1972) 564.
[19] *Lange* Staat 11 (1972) 329.

Als hervorragendstes Argument wird jedoch meist der Wortlaut des Art. 81 GG selbst angesehen[20], der ganz allgemein von „Gesetzesvorlagen" spreche und damit ausdrücke, vorbehaltlich der Einschränkung des Absatzes IV könne für alle Gesetzesvorlagen der Gesetzgebungsnotstand erklärt werden. Daraus folgert man, daß es auf den Rechtsgrund der Zuständigkeit des Gesetzgebers nicht ankomme[21] und somit auch keine rechtliche Grundlage ersichtlich sei, das Haushaltsgesetz anders als sonstige Gesetze zu behandeln[22]. Insbesondere unterscheide das Grundgesetz auch in Art. 81 GG nicht zwischen Gesetzen im formellen und im materiellen Sinne[23].

2. Die eigene Auffassung

Bereits die Darstellung der verschiedenen Auffassungen in der Verfassungsrechtslehre und der sie jeweils tragenden Gründe dürfte gezeigt haben, daß den Gegnern einer Einbeziehung des Haushaltsgesetzes in die Gesetze, die nach Art. 81 GG zustande kommen können, eine überzeugende Begründung ihrer Auffassung schwerfällt.

In der Tat gibt es keinen zureichenden Grund, den Begriff „Gesetzesvorlage" in Art. 81 GG entgegen seines *alle* Gesetzesentwürfe umfassenden sprachlichen Aussagewertes so auszulegen, daß er die Haushaltsgesetzesvorlage nicht erfaßt. Wenn neuerdings etwa *Papier*[24] die zu Art. 85 WRV entwickelte Auffassung, der dort vorgesehene Gesetzesvorbehalt sei in einem zwingend-förmlichen Sinne gedacht, aufgreift und meint, bei Art. 110 II GG gehe es allein um das formale Kriterium des Urhebers des Staatsaktes, kommt er zwar der von *Maunz* und *Hans Schneider* vorgetragenen Begründung ihrer Auffassung[25] sehr nahe[26]; ebenso wie diese übersieht er aber, daß es auch bei dem zwingend formell-gesetzlichen *Rechtssatz*vorbehalt, den er seinem „Urheber"-vorbehalt gegenüberstellt, um nichts anderes geht, als um den Vorbehalt der Entscheidung durch das Parlament als demokratisch legitimiertes Organ. Es ist nicht zuletzt angesichts der im parlamentarischen System des Grundgesetzes von weit bedeutsameren Rechten des Bun-

---

[20] *Feuchte* AöR 97 (1972) 561 f.; *Merk* VVDStRL 8 (1950) 60; *Rolf Simon* S. 144 ff.; *Trossmann* S. 143.
[21] *Feuchte* AöR 97 (1972) 561.
[22] *Merk* VVDStRL 8 (1950) 60.
[23] *Trossmann* S. 143.
[24] *Papier* S. 100 f.
[25] Siehe oben 1., a).
[26] *Papier* nimmt zu dem Verhältnis zwischen Art. 110 II GG und Art. 81 GG zwar nicht expressis verbis Stellung (daher fehlt er auch in der vorangegangenen Übersicht), zitiert aber in Fn. 40 auf S. 100 u. a. *Lange* Staat 11 (1972) 329, Fn. 63, wo dieser die Anwendbarkeit des Art. 81 GG auf das Haushaltsgesetz bejaht, als von seiner Meinung abweichende Auffassung.

§ 16: Die Feststellung des Haushaltsplanes nach Art. 81 GG

destages zurückgedrängten Rolle des parlamentarischen Budgetrechts nicht einzusehen, wieso ein nach Art. 81 GG zustande gekommenes Gesetz zwar Eingriffe in die Grundrechtssphäre des Bürgers, die einem zwingend formell-gesetzlichen Vorbehalt unterliegen, erlauben soll, aber nicht den Haushaltsplan feststellen können soll, wo *beide* Vorbehalte letztlich die grundsätzliche Beteiligung desselben Organs sichern. Schließlich darf nicht vergessen werden, daß Art. 81 GG nur die Mitwirkung eines *handlungsunfähigen* Parlaments ersetzt — eines Parlaments nämlich, das in seiner Mehrheit einem Bundeskanzler kein Vertrauen schenkt, das aber außerstande ist, einen neuen Bundeskanzler mit Mehrheit zu wählen.

Der hier vertretenen Auffassung kann nicht entgegengehalten werden, das Grundgesetz gehe in Art. 110 II und in Art. 81 von unterschiedlichen Gesetzesbegriffen aus. Es darf hier getrost offen bleiben, ob das Grundgesetz an den über 300 Stellen, wo es das Wort „Gesetz" selbständig oder in Verbindung mit anderen Worten oder Partikeln gebraucht[27], durchaus Verschiedenes meint, oder ob „Gesetz" im Sinne des Grundgesetzes stets nicht mehr und nicht weniger ist als „der vom Parlament im Wege des verfassungsgesetzlich hierfür vorgesehenen Verfahrens erlassene Hoheitsakt"[28]. Jedenfalls in einer Vorschrift, die sich wie Art. 81 GG darin erschöpft, das *normale Gesetzgebungsverfahren* gemäß Art. 76—78 GG beim Vorliegen bestimmter Voraussetzungen durch ein anderes *Verfahren* zu ersetzen, hat nur ein derart formalisierter, inhaltlich offener Gesetzesbegriff[29] Platz, der weit genug ist, alle etwaigen sonstigen Gesetzesbegriffe zu umfassen. Gerade wer etwa wie *Karldieter Schmidt*[30] auch in Art. 110 II GG das Wort „Gesetz" nur als Kurzformel für ein bestimmtes Verfahren begreift, müßte eigentlich zu dem Schluß kommen, daß sich die Gesetzesbegriffe in Art. 81 GG und Art. 110 II GG decken.

Auf keinen Fall scheitert der Rückgriff auf Art. 81 GG wegen Art. 111 GG an einem mangelnden Bedürfnis. Die gegenteilige Auffassung übersieht, daß ein gemäß Art. 81 GG zustande gekommenes Gesetz als seinem Charakter und seiner Rechtswirkung nach den vom Bundestag beschlossenen Gesetzen völlig gleichstehendes Gesetz[31] *das Bundeshaushaltsgesetz* für das betreffende Rechnungsjahr ist, das die vorläufige Haushaltswirtschaft beendet und der Bundesregierung im Rahmen und nach Maßgabe seiner Ansätze den Zugriff zu den gesamten Haushaltsmitteln eröffnet.

---

[27] *Stark* S. 21.
[28] So: *Achterberg* DÖV 1973, 289 ff. (S. 297).
[29] Vgl. *Achterberg* DÖV 1973, 298.
[30] Siehe oben 1., a).
[31] *Maunz* in: MDH, Art. 81, Rdn. 18.

Zu guter Letzt sei auch hier ein „historisches Mißverständnis" aufgeklärt: Offenbar hat die Tatsache, daß der historische Hintergrund des Art. 81 GG allgemein in dem sogenannten Notverordnungsrecht des Reichspräsidenten unter der Weimarer Reichsverfassung gesehen wird[32], die Gegner eines Rückgriffs auf Art. 81 GG zu genau den gleichen Argumenten geführt, wie sie die damals herrschende Lehre der Ersetzung der Etatgesetzgebung durch eine Notverordnung nach Art. 48 WRV entgegengestellt hat[33]. Nicht von ungefähr hat aber gerade der entschiedenste Gegner einer „Haushaltsnotverordnung" in der Weimarer Zeit, *Johannes Heckel,* damals einen Verfahrensvorschlag gemacht, der „Zeiten budgetrechtlicher Verfassungstörungen verursacht durch mangelnde Aktionsfähigkeit des Reichstags" ganz genau auf die Art und Weise beenden wollte, wie sie heute Art. 81 GG als Verfahrenstyp positiv zur Verfügung stellt[34].

3. Ergebnis

Auch die Feststellung des Haushaltsplans kann im Wege des Gesetzgebungsnotstandes gemäß Art. 81 GG erfolgen.

Art. 81 GG eröffnet also in der Tat der Bundesregierung einen Weg, die Schranken der Ausgabentätigkeit aus Art. 111 GG ohne Mitwirkung des Bundestages zu beseitigen — *wenn sie sich der Zustimmung des Bundesrates versichern kann.*

Gerade das letztgenannte Erfordernis relativiert aber die praktische Bedeutung dieses Weges. Im Konfliktsjahr 1972 war er jedenfalls durch die Mehrheitsverhältnisse im Bundesrat eindeutig versperrt.

§ 17: Die Frage der Anwendbarkeit des Art. 112 GG während der vorläufigen Haushaltsführung

Art. 112 GG stellt eine Ermächtigung der Bundesregierung zur Leistung von Mehrausgaben gegenüber dem gesetzlich festgestellten Haushaltsplan dar, die es erlaubt, Ausgaben zu tätigen, die das Parlament entweder überhaupt nicht oder nicht in der beanspruchten Höhe bewilligt hat.

Die somit bewirkte Freistellung der Regierung von der grundsätzlichen Bindung an die parlamentarische Budgetbewilligung[35] ist von der Zustimmung des Bundesfinanzministers abhängig, die ihrerseits an das Vorliegen eines unvorhergesehenen und unabweisbaren Bedürf-

---

[32] Für alle: *Maunz* in: MDH, Art. 81, Rdn. 1.
[33] Siehe oben § 4, 3., b).
[34] Siehe oben § 4, 3., b).
[35] *Lange* Staat 11 (1972) 327.

nisses und der Voraussetzungen des § 37 BHO geknüpft ist. Ob die Bestimmung darüber hinaus auch geeignet ist, der Bundesregierung den Weg zu den Rahmen des Art. 111 I GG übersteigenden Ausgaben zu eröffnen, kann nur eine die verfassungsrechtliche Funktion des Art. 112 GG auslotende Analyse erweisen.

1. Die Entstehung des Art. 112 GG

Weder die Reichsverfassung von 1871 noch die Weimarer Reichsverfassung enthielten eine dem Art. 112 GG entsprechende Bestimmung[36]. Eine solche fehlte auch im Herrenchiemseer Entwurf eines Grundgesetzes.

Die Einfügung des späteren Art. 112 GG erfolgte erst auf Vorschlag des ehemaligen preußischen Finanzministers *Höpker-Aschoff* in der 14. Sitzung des Finanzausschusses des Parlamentarischen Rats[37].

Als Vorlage dienten Art. 67 II der Preußischen Verfassung von 1920 und § 33 der Reichshaushaltsordnung vom 31. 12. 1922 — letztere war gerade wegen des Fehlens einer entsprechenden Bestimmung in der Weimarer Reichsverfassung mit verfassungsändernder Mehrheit erlassen worden[38].

Auf das Erfordernis einer nachträglichen Genehmigung durch das Parlament[39] wurde auf den Einwand des Abgeordneten *Höpker-Aschoff* hin, daß eine durch den Finanzminister außerplanmäßig verfügte Ausgabe durch eine nachträgliche Verweigerung der Genehmigung nicht mehr rückgängig gemacht werden könne und die parlamentarische Kontrolle bei der Rechnungslegung ausreichend gesichert sei, verzichtet[40].

Dem Art. 112 GG in der Fassung des Parlamentarischen Rates fügte das 20. Gesetz zur Änderung des Grundgesetzes vom 12. Mai 1969[41] den heutigen Satz 3 hinzu und ersetzte den ursprünglichen Begriff „Haushaltsüberschreitungen" durch den in der Praxis gebräuchlicheren Begriff „überplanmäßige Ausgaben"[42].

---

[36] *Maunz* in: MDH, Art. 112, Rdn. 2 (und ihm folgend *Piduch* Art. 112 GG, Anm. 3) weist aber darauf hin, daß bereits eine Kabinettsorder des preußischen Königs vom 15. Februar 1852 den Finanzminister mit besonderen Befugnissen ausstattete.
[37] Zu den Beratungen im einzelnen siehe: *Füsslein* JbÖffR NF 1 (1951) 814 f. mit den dortigen Nachweisen.
[38] Besonders darauf verwies der Abgeordnete *Höpker-Aschoff*, vgl. *Füsslein* JbÖffR NF 1 (1951) 814 und *Vialon* vor § 1 RHO (S. 293).
[39] Eine derartige Genehmigungspflicht findet sich in den entsprechenden Bestimmungen der meisten Landesverfassungen: vgl. die Zusammenstellung bei *Piduch* Art. 112 GG, Anhang.
[40] *Füsslein* JbÖffR NF 1 (1951) 815.
[41] BGBl. I S. 357.
[42] Zur Neufassung siehe: *Piduch* Art. 112 GG, Anm. 2.

2. Art. 112 GG in der Verfassungsrechtslehre und in der Verfassungswirklichkeit

Obwohl der Bundesfinanzminister als Mitglied des Kabinetts in seinen Entscheidungen von der Regierungspolitik abhängt, wird das ministerielle Zustimmungserfordernis in der Verfassungsrechtslehre als praktikable Bremse des Ausgabestrebens der Bundesregierung angesehen[43]. Zur Begründung wird darauf verwiesen, daß der Bundesfinanzminister durch das verfassungsrechtliche Gebot des ständigen Gleichgewichts des Haushalts gemäß Art. 110 I GG in seinem Bewilligungsrahmen beschränkt sei[44] und das Parlament durch die gemäß § 37 IV BHO mindestens vierteljährlich vorzulegende Übersicht über die über- und außerplanmäßigen Ausgaben das Finanzgebaren der Regierung leicht kontrollieren können.

Die Voraussetzungen, die das Grundgesetz selbst für die Zustimmung des Bundesfinanzministers und damit für die Tätigung der über- und außerplanmäßigen Ausgaben überhaupt aufstellt, also das Vorliegen eines unvorhergesehenen und unabweisbaren Bedürfnisses, stellen nach ihrem Wortlaut in der Tat einen „strengen Maßstab"[45] dar.

Diesen strengen Maßstab bemüht sich auch die Verfassungsrechtslehre bei ihrer durchweg restriktiven Interpretation der einzelnen Tatbestandsmerkmale des Art. 112 GG anzulegen[46].

Bereits das Urteil des Verfassungsgerichtshofes von Nordrhein-Westfalen vom 3. 10. 1968[47] zu Art. 85 der Verfassung von Nordrhein-Westfalen, dessen Voraussetzungen für die Leistung über- und außerplanmäßiger Ausgaben mit denen in Art. 112 GG wörtlich übereinstimmen, läßt erste Zweifel an der Wahrung eines strengen Maßstabes in der Praxis aufkommen, wenn es Ausgaben, deren ausschließlicher Zweck es ist, die Konjunktur zu beleben, als unter die Vorschrift subsumierbar ansieht[48].

Den gewaltigen Spielraum, den der Bundesfinanzminister in der Verfassungswirklichkeit ausgrund Art. 112 GG tatsächlich für sich in Anspruch nimmt, dokumentieren die Mitteilungen in Vollzug des § 37 IV

---

[43] Siehe nur *Vialon* Art. 112 GG, Anm. 4 (S. 217): „Die Finanzminister sind überall heute ein sichereres Bollwerk gegen die öffentliche Ausgabe als manche Parlamente, die den Regierungen (umgekehrt wie früher) die Ausgaben abtrotzen." ähnlich: *Lange* Staat 11 (1972) 327.
[44] *Vialon* Art. 112 GG, Anm. 4 (S. 217).
[45] *Klein* in: SBK, Art. 112, Rdn. 6.
[46] *Klein* in: SBK, Art. 112, Rdn. 6; *von Mangoldt* Art. 112, Anm. 2 (S. 593); *Maunz* in: MDH, Art. 112, Rdn. 7—9; *Piduch* Art. 112 GG, Anm. 15—18.
[47] VerfGH NRW DÖV 1969, 67 = DVBl. 1969, 113.
[48] Zu dem Urteil siehe insbesondere: *Därr* S. 10—12; *Giesen/Fricke* Art. 85, Rdn. 17 (S. 106 f.); *Henle* DÖV 1969, 59.

§ 17: Die Anwendbarkeit des Art. 112 GG

BHO mit nicht zu überbietender Deutlichkeit. Die tatsächliche Handhabung der als Ausnahmebestimmung konzipierten Norm führt dazu, daß beispielsweise für die Zusammenstellung der über- und außerplanmäßigen Haushaltsausgaben im 4. Vierteljahr des Haushaltsjahres 1971[49] 113 eng bedruckte DIN A 4-Seiten erforderlich waren!

Allein in diesem 4. Vierteljahr 1971 wurden laut der Zusammenstellung bei einem Gesamthaushaltsvolumen von rund 100 Milliarden DM über 2,3 Milliarden DM an über- und außerplanmäßigen Ausgaben getätigt.

Därr kommt das Verdienst zu, in einer sehr sorgfältigen Studie den eklatanten Widerspruch zwischen Verfassungsrecht und Verfassungswirklichkeit bei der Anwendung des Art. 112 GG offengelegt zu haben[50]. Er weist nach, daß die in der Praxis bewilligten Ausgaben keineswegs nur unabweisbare, sondern häufig bloß wünschenswerte Bedürfnisse betreffen.

Presseberichten zufolge waren es im Jahre 1973 nicht einmal mehr wünschenswerte Bedürfnisse, die den Bundesfinanzminister zu einem Rückgriff auf Art. 112 GG veranlaßt haben, sondern die schlichte Tatsache, daß aufgrund von Minderausgaben gegenüber den Ansätzen des Haushaltsplanes 1973 gegen Ende des Haushaltsjahres unerwarteterweise 4 Milliarden DM „zu verbuttern" waren[51]!

Trotz mahnender Worte *Friaufs* im Jahre 1968[52] wurde also Art. 112 GG nicht nur in den damals vergangenen Jahren, sondern auch in den folgenden Jahren mehr als weitherzig gehandhabt[53].

Dieses Auseinanderklaffen von Recht und Wirklichkeit gilt es bei der folgenden Untersuchung der Zulässigkeit einer Kombination von Art. 111 und 112 GG — und damit des verfassungsrechtlichen Bestandes des Kanzlerwortes vom 28. April 1972, „daß die Bundesregierung nach *dem Art. 111 und 112 GG* ohnehin haushaltsmäßig genügend Spielraum hat, aus eigener Verantwortung ihre Pflichten zu erfüllen"[54] — stets im Auge zu behalten.

---

[49] Bundesrats-Drucksache 412/72.
[50] *Därr* (insbesondere S. 94—148).
[51] SBZ Nr. 48 vom 26. 2. 1974, S. 2; wegen dieser Ausgaben hat die Oppositionsfraktion im 7. Deutschen Bundestag das Bundesverfassungsgericht angerufen (vgl. SZ Nr. 170 vom 26. 7. 1974, S. 1).
[52] *Friauf* VVDStRL 27 (1969) 21 mit Beispielen aus den Jahren 1965 und 1968.
[53] Teilweise kann man sich des Eindrucks nicht erwehren, daß das Vorhandensein der Regelung des Art. 112 GG von der Regierung als ein Freibrief betrachtet worden ist, die erforderliche Sorgfalt bei der für die Ausgabenansätze im Haushaltsplan notwendigen Prognose außer acht zu lassen.
[54] Verhandlungen des Deutschen Bundestages, Stenographische Berichte, 6. Wahlperiode, Bd. 79, S. 10759; Bulletin 1972, 875.

3. Der Streitstand in der Literatur

a) Die Haltung von Maunz

Die *Maunz*sche Kommentierung des Art. 111 GG[55] wird von den Verfechtern der These, daß Art. 112 GG auch im Geltungsbereich des Art. 111 GG Anwendung finden könne, regelmäßig als Belegstelle für ihre Auffassung in Bezug genommen[56]. Tatsächlich jedoch nimmt Maunz an dem angegebenen Ort keineswegs eindeutig Stellung.

Ausgehend von der — allerdings weder erläuterten noch belegten — Behauptung, eine Ermächtigung solle nicht extensiv ausgelegt werden, läge es nach seiner Auffassung sogar nahe, die Anwendung des Art. 112 GG im Bereich des Art. 111 GG auszuschließen.

Ohne diesen Gedanken zu vertiefen, stellt er jedoch direkt anschließend fest, daß „*überraschenderweise*" aber meist die Zulässigkeit einer Kombination der Art. 111 GG und 112 GG bejaht werde, und fährt mit der Erläuterung der praktischen Auswirkungen einer Kombination fort.

b) Die überwiegende Auffassung

Die meisten Autoren haben überhaupt keine Bedenken, den Art. 112 GG auch im Bereich des Art. 111 GG für anwendbar zu erklären[57]. Die Kombination beider Vorschriften ist für sie offenbar „*selbstverständlich*"[58].

Soweit eine Begründung für nötig erachtet wird, beschränkt sie sich stets auf den Hinweis, unvorhergesehene und unabweisbare Bedürfnisse könnten in Zeiten des Nothaushalts genauso wie in Zeiten der Haushaltsführung aufgrund eines Haushaltsgesetzes auftreten.

Lange[59] hebt zur Bestärkung hervor, daß es „mit dem Wesen einer Regierung unvereinbar" wäre, sollte sie im Falle eines unvorhergesehenen und unabweisbaren Bedürfnisses außerstande sein, die notwendigen Ausgaben vorzunehmen.

---

[55] *Maunz* in: MDH, Art. 111 GG, Rdn. 10.

[56] Siehe nur: *Karehnke* DÖH 1971, 201 (Fn. 15); *Klein* in: SBK, Art. 111, Rdn. 5; *Lange* Staat 11 (1972) 328 (Fn. 59); *Piduch* Art. 111 GG, Anm. 2.

[57] *Därr* S. 36; *Feuchte* AöR 97 (1972) 560 (Fn. 84); *Kahrenke* DÖH 1971, 201; *Klein* in: SBK, Art. 111, Rdn. 5; *Lange* Staat 11 (1972) 328; *Piduch* Art. 111 GG, Anm. 2 und 16; *Vialon* Art. 111 GG, Anm. 2 (S. 210), 5 (S. 211), 7 (S. 212), 14 (S. 215). Auch *Karldieter Schmidt* (S. 50 f.) erklärt Art. 112 GG für anwendbar, sieht aber in grober Verkennung von Funktion und Handhabung der Vorschrift in Art. 112 GG ein Instrument des Finanzministers zur *Verhinderung* von der Regierung auf der Grundlage des Art. 111 I GG angestrebter Ausgaben.

[58] So wörtlich: *Vialon* Art. 111 GG, Anm. 14 (S. 215).

[59] *Lange* Staat 11 (1972) 328.

§ 17: Die Anwendbarkeit des Art. 112 GG

Die Schwierigkeiten, die sich aus dem Wortlaut des Art. 112 GG („Überplanmäßige und außerplanmäßige Ausgaben...") für eine Anwendung in der „planlosen" Zeit ergeben, werden teilweise durch eine bloß entsprechende Anwendung der Vorschrift überspielt[60].

Karehnke und *Piduch* hingegen *fingieren* für das Zusammenwirken von Art. 111 und 112 GG einen Plan in der Art des Vorjahreshaushaltsplans[61] oder durch Gleichsetzen der gem. § 5 BHO vom Bundesfinanzminister für diesen Zeitraum in den Verwaltungsvorschriften zur vorläufigen Haushaltsführung der Bundesverwaltung festgelegten Höchstbeträge mit einem Plan im Sinne des Art. 112 GG[62]

c) *Die Auffassung Sasses*

Erst im Gefolge der Ereignisse des Jahres 1972 hat sich den im Grunde genommen eine Kombination der Art. 111 und 112 GG einhellig befürwortenden Stimmen eine entschiedene Gegenstimme entgegengestellt.

In einer 1973 erschienenen Stellungnahme lehnt *Sasse* einen Rückgriff auf Art. 112 GG während der Zeit der vorläufigen Haushaltsführung mit gewichtigen Argumenten ab[63].

Zur Begründung der verfassungsrechtlichen Unzulässigkeit einer Kombination beider Vorschriften nimmt er zunächst den Wortlaut des Art. 112 GG in Anspruch, der „ziemlich eindeutig" gegen seine Anwendung im Rahmen des Nothaushaltsrechts spreche. Stärker betont er aber die Folgerungen, die er aus einer Analyse des Sinnes der Nothaushaltsregeln zieht. Das Ergebnis dieser Analyse gipfelt in dem Satz: „Die Regierung soll keine Freude daran finden, länger als unbedingt nötig ohne gültigen Haushaltsplan zu amtieren"[64]. Daß der so verstandene Sinn der Regeln des Nothaushaltsrechts durch den Rückgriff auf die durch Art. 112 GG der Regierung erlaubten Ausgaben illusorisch würde, glaubt *Sasse* mit sehr plastischen Worten[65] offenbaren zu kön-

---

[60] Vgl. z. B. *Giesen/Fricke* Art. 82, Rdn. 10 (S. 84 f.) für das Verhältnis der den Art. 111 und 112 GG entsprechenden Art. 82 und 85 der Verfassung NRW. *Giesen/Fricke* (a.a O.) gehen im übrigen noch einen Schritt weiter als die Stellungnahmen zu Art. 111, 112 GG, wenn nach ihrer Auffassung die Zulässigkeit einer Kombination beider Vorschriften *zwangsläufig* daraus folgt, „daß der fiktive ‚Nothaushaltsplan' und der spätere Jahreshaushaltsplan... in Gestalt einer Konsumtion zusammenfließen und sich ungeteilt in der Haushaltsrechnung faktisch verwirklichen."
[61] *Karehnke* DÖH 1971, 201.
[62] *Piduch* § 37 BHO, Anm. 12.
[63] *Sasse* JZ 1973, 191 f.
[64] *Sasse* JZ 1973, 191.
[65] *Sasse* JZ 1973, 192: „Die weisen Beschränkungen des Notetatrechts stünden nur zur Irreführung besonders einfältiger Gemüter im Grundgesetz. In

nen. Er sieht daher in einer kombinierten Anwendung von Art. 111 und 112 GG einen Verstoß gegen Art. 110 GG durch die Beseitigung des parlamentarischen Budgetbewilligungsrechts im Krisenfall und den Art. 111 GG aus den Angeln gehoben.

Dennoch verkennt auch *Sasse* nicht, daß es eine Möglichkeit geben muß, „wirklich unaufschiebbare" Ausgaben zu bewirken, die von Art. 111 I GG nicht gedeckt sind. Nach seiner Auffassung ist die Lösung dieses Problems nur in einem im Einzelfall ergehenden Ermächtigungsgesetz oder — in Fällen besonderer Dringlichkeit — in der vorläufigen Ermächtigung durch den Haushaltsausschuß des Bundestages zu sehen[66].

4. Die eigene Auffassung

Sasse erkennt zu Recht, daß es nicht angeht, der Bundesregierung durch eine Kombination von Art. 111 und 112 GG frei von jeglichen Bindungen des Art. 111 I GG — ja freier noch als bei einem bestehenden Haushaltsgesetz — den „Griff ins Volle" zu gestatten. Er erkennt aber ebenso zu Recht, daß auch während der vorläufigen Haushaltsführung unvorhergesehene und unabweisbare Bedürfnisse, die nicht unter Art. 111 I a—c GG zu subsumieren sind, befriedigt werden müssen. Die Lösungen, die er anstatt der Anwendung des Art. 112 GG für diese Fälle anbietet, wecken jedoch bereits erhebliche Zweifel an seinen Schlußfolgerungen.

An die Lösung durch ein im Einzelfall ergehendes Ermächtigungsgesetz glaubt *Sasse* wohl selbst nicht recht, wenn er für dringliche Fälle, um die allein es hier geht, die Ermächtigung durch den Haushaltsausschuß des Bundestages genügen lassen will. Ein derartiges Verfahren entbehrt aber de lege lata jeglicher verfassungsrechtlichen Grundlage, und zwar auch dann, wenn man die verfassungsrechtlichen Bedenken gegen die ohnehin vielfältige Einbeziehung des Haushaltsausschusses in den Vollzug eines *bestehenden Haushaltsgesetzes*[67] außer Betracht lassen wollte.

Spätestens hier wird offenbar, daß sich *Sasse* durch seine Situationsanalyse zu einem falschen Schluß hat verleiten lassen. Weil das in der Verfassungswirklichkeit vorgefundene Ergebnis — der Griff ins Volle ohne Haushaltsgesetz — nicht richtig sein kann, verwirft er die Zuläs-

---

Wirklichkeit könnte jede Regierung in dieser Lage mit Hilfe des eigenen Finanzministers das ‚Sesam öffne Dich' des Art. 112 flüstern und bekäme auf diese Weise Zutritt zur Schatzkammer aller ‚unvorhergesehenen und unabweisbaren' Ausgaben. Und welche Ausgabe, die eine solche Regierung für nötig hält, wäre wohl für den Finanzminister nicht ,unvorhergesehen und unabweisbar'?"

[66] *Sasse* JZ 1973, 192.
[67] Siehe dazu: *Lichterfeld* S. 247 ff., insbesondere S. 291—294.

sigkeit der dafür verantwortlich gemachten Kombination von Art. 111 und 112 GG, ohne vorweg zu prüfen, ob die Kombination beider Vorschriften *als solche* zu dem mißbilligten Ergebnis führt, oder ob nicht erst die gegenwärtige Handhabung des Art. 112 GG die Kombination so gefährlich erscheinen läßt!

In der Tat läge in der Kombination von Art. 111 und 112 GG keine Gefahr, würde sich die Praxis auch nur annähernd an die enge Umschreibung halten, die den Begriffen „unvorhergesehen" und „unabweisbar" in der Verfassungsrechtslehre widerfährt.

Nicht die Kombination führt zu dem von *Sasse* als unhaltbar bezeichneten Zustand, sondern der Zustand ist die Folge davon, daß von Art. 112 GG in der Verbindung mit Art. 111 GG in ebenso verfassungswidriger Weise Gebrauch gemacht wird, wie es in der Verbindung mit einem gesetzlich festgestellten Haushaltsplan zur alltäglichen Praxis geworden ist.

Wenn sich also die Einwände *Sasses* richtig verstanden gegen die Handhabung des Art. 112 GG und nicht gegen die Kombination von Art. 111 und 112 GG richten müßten, bleibt nichts mehr, was dem beachtlichen Argument der überwiegenden Auffassung für die Zulässigkeit einer Anwendung des Art. 112 GG im Geltungsbereich des Art. 111 GG[68] entgegengesetzt werden könnte.

Dem Beschluß des Großen Senats des Bundesrechnungshofes[69] ist zuzustimmen, wenn er feststellt: „Art. 112 GG ist auch im Falle der vorläufigen Hausthaltsführung nach Art. 111 GG anwendbar." Die Fortsetzung dieses Beschlusses[70] aber, die da lautet: „Dabei ist die Voraussetzung des ‚unvorhergesehenen und unabweisbaren Bedürfnisses' mit dem gleichen strengen Maßstab zu prüfen wie beim Vollzug eines Haushaltsplans", könnte nur als Ironie verstanden werden, hätte sie den Maßstab der bisherigen Praxis vor Augen.

5. Der Anwendungsbereich

Die Anwendung des Art. 112 GG in Verbindung mit § 37 BHO kommt während der vorläufigen Haushaltsführung dann in Frage, wenn nach Art. 112 GG zulässige Ausgaben in dem Rundschreiben des Bundesfinanzministers gemäß § 5 BHO[71] nicht enthalten sind oder die dort festgesetzten Höchstbeträge überschreiten[72].

---
[68] Siehe oben 3., b).
[69] Beschluß des Großen Senats des Bundesrechnungshofes (Anhang) sub III, Satz 1.
[70] Ebd. sub III, Satz 2.
[71] Siehe oben § 10, 2.

Ist eine gemäß Art. 112 GG getätigte Ausgabe durch das später verabschiedete Haushaltsgesetz gedeckt, wird sie nachträglich zur planmäßigen Ausgabe. Über- oder außerplanmäßig im Sinne des Art. 112 GG bleibt eine Ausgabe, die während der Haushaltsführung aufgrund des Art. 111 GG getätigt wurde, nur dann, wenn sie sich nicht im Rahmen des Art. 111 GG bewegt und sich außerdem auch nach Verkündung des Haushaltsgesetzes als eine durch den Haushaltsplan nicht gedeckte Mehrausgabe darstellt.

6. Ergebnis

Mit der Zustimmung des Bundesfinanzministers kann die Bundesregierung durch den Rückgriff auf Art. 112 GG die Schranken des Art. 111 I GG erweitern.

Zu einem politischen Instrument wird eine Kombination der Art. 111 GG und 112 GG jedoch nur bei einer gleichzeitigen, über das verfassungsrechtlich erlaubte Maß hinausgehenden, extensiven und — gemessen an dem parlamentarischen Budgetrecht — aggressiven Handhabung des Art. 112 GG.

---

[72] *Piduch* § 37 BHO, Anm. 12; *Vialon* Art. 111 GG, Anm. 7 (S. 212) empfiehlt zudem dem Bundesfinanzminister für den Fall, daß bei einer geplanten Ausgabe streitig ist, ob sie sich im Rahmen des Art. 111 GG bewegt, falls er sie zulassen will, zu erklären, daß er notfalls die Voraussetzungen des Art. 112 GG für gegeben erachtet.

6. Abschnitt

Thesen

1. Der Bundeshaushaltsplan wurde noch nie rechtzeitig festgestellt. Damit hat kein anderer verfassungsrechtlicher Haushaltsgrundsatz eine gleichermaßen konsequente Mißachtung erfahren wie der Grundsatz der Vorherigkeit des Haushaltsplans.
2. Mit der Aufnahme des Art. 111 in das Grundgesetz wurde nicht nur von Verfassungs wegen festgestellt, daß die Bundesregierung überhaupt zu einer (vorläufigen) Haushaltsführung ohne Haushaltsgesetz ermächtigt ist, sondern zugleich der Umfang der Befugnisse der Bundesregierung im Nothaushalt festgelegt.
3. Verfassungspolitische Ziele des Art. 111 GG sind die Aufrechterhaltung einer notwendigen Ausgabenwirtschaft einerseits, andererseits der Zwang zur alsbaldigen Verabschiedung des Haushaltsgesetzes. Bei der Auslegung des Art. 111 GG sind stets beide Ziele zu beachten.
4. Gesetzlich bestehende Einrichtungen i. S. d. Art. 111 I a GG sind alle Einrichtungen, die letztlich in einem Gesetz (auch in einem früheren Haushaltsgesetz) ihre Grundlage haben.
5. Ausgaben für gesetzlich beschlossene Maßnahmen i. S. d. Art. 111 I a GG können sich mit Ausgaben für rechtlich begründete Verpflichtungen i. S. d. Art. 111 I b GG überschneiden. Die Zuordnung im einzelnen spielt keine Rolle, da die Reihenfolge der in Art. 111 I a—c GG genannten Ausgaben keine Rangordnung darstellt.
6. Art. 111 I b GG erfaßt nur rechtlich begründete Verpflichtungen, mit denen Ansprüche gegen den Bund korrespondieren.
Die durch Art. 109 II GG i. V. m. §§ 1, 6 II StabilitätsG begründete Pflicht des Bundes, unter bestimmten Voraussetzungen (zusätzliche) Ausgaben zu tätigen, sit keine rechtlich begründete Verpflichtung i. S. d. Art. 111 I b GG.
7. Nur bereits begonnene Maßnahmen können i. S. d. Art. 111 I c GG fortgesetzt werden. Anhaltspunkte für die oft schwierige Feststellung, wann eine Maßnahme begonnen ist, finden sich in den §§ 24, 54 BHO.

8. Die Funktion des Art. 111 II GG beschränkt sich auf die Erteilung der Kreditermächtigung an die Bundesregierung.

9. Art. 111 II GG begrenzt die Höhe der zulässigerweise aufzunehmenden Kredite zweifach, und zwar erstens durch die Summe der zur Aufrechterhaltung der nach Art. 111 I GG zulässigen Ausgabenwirtschaft nach Ausschöpfen der sonstigen Einnahmen erforderlichen Mittel und erst zweitens durch die Summe eines Viertels der Endsumme des abgelaufenen Haushaltsplans.
Praktische Relevanz hat nur die erste Grenze. Die zweite Grenze ist dagegen praktisch bedeutungslos.

10. Die zeitliche Geltung der durch Art. 111 GG gewährten nothaushaltsrechtlichen Befugnisse der Bundesregierung endet mit der Verkündung des Bundeshaushaltsgesetzes für das laufende Rechnungsjahr. Eine sonstige zeitliche Begrenzung gibt es nicht. Art. 111 GG findet insbesondere auch nach dem Ausbruch eines Etatkonflikts ebenso Anwendung wie bei der bloßen Etatverzögerung.

11. Weil Art. 111 GG auch im Falle der Etatverweigerung gilt, bedarf es nicht der Konstruktion einer parlamentarischen Budgetbewilligungspflicht.

12. Die Gesetzesinitiative für den Haushalt steht abweichend von Art. 76 I GG ausschließlich der Bundesregierung zu. Das gilt auch für den Konfliktfall.

13. Gesetze über die vorläufige Haushaltsführung sind verfassungsrechtlich zulässig, können aber die der Bundesregierung in Art. 111 GG erteilten Befugnisse nicht einschränken, sondern allenfalls umschreiben und erweitern.

14. Die Feststellung des Bundeshaushaltsplans kann auch im Wege des Gesetzgebungsnotstandes gemäß Art. 81 GG erfolgen.

15. Art. 112 GG ist auch im Falle der vorläufigen Haushaltsführung nach Art. 111 GG anwendbar.
Nicht die Kombination der Befugnisse aus Art. 111 und 112 GG ist verfassungswidrig, sondern die bisherige und gegenwärtige Überdehnung des Anwendungsbereiches des Art. 112 GG.

Anhang

Beschluß des Großen Senats des Bundesrechnungshofes zur Auslegung der Artikel 111 und 112 GG

(auf Grund der Sitzungen am 30. November und 7. Dezember 1972[1])

I. Bei der Rechnungsprüfung für das Haushaltsjahr 1972 wird der BRH den noch zu verabschiedenden Haushaltsplan zu Grunde legen und die vorläufige Haushaltsführung an Art. 111 GG messen.

II. Art. 111 GG ist nicht extensiv auszulegen. Es kann nicht allein vom Wortlaut ausgegangen werden, vielmehr sind auch Sinn und Zweck zu berücksichtigen. Sie bestehen darin, der Regierung die Leistung von Ausgaben zu ermöglichen, die zur Weiterführung wichtiger und dringlicher Staatsgeschäfte unerläßlich sind. Sie geben der Regierung aber nicht die Befugnis zu Ausgaben, die das Budgetrecht des Parlaments präjudizieren können.

1. Die Bestimmung des Abs. 1 Buchst. a) umfaßt alle ordnungsgemäß errichteten Einrichtungen der Staatsverwaltung. Es darf jedoch nur die Ausstattung mit Personal und Gerät weitergeführt werden, die zur Erhaltung der Einrichtungen erforderlich ist.

2. Bei den „Verpflichtungen" i. S. des Abs. 1 Buchst. b) muß es sich um Verbindlichkeiten handeln, die vor Beginn der haushaltslosen Zeit eingegangen wurden oder die kraft Gesetzes entstanden sind.

3. Der Begriff „Bauten" i. S. des Abs. 1 Buchst. c) ist gleichzusetzen mit den „Baumaßnahmen" i. S. von § 24 Abs. 1 BHO (vgl. auch die Richtlinien für die Durchführung von Bauaufgaben des Bundes — RBBau). Der Fortsetzungszusammenhang ist aus den genannten Bestimmungen abzuleiten. Gleiches gilt sinngemäß für größere Beschaffungen.

4. a) Der Begriff „sonstige Leistungen" in Abs. 1 Buchstabe c) ist schwer abgrenzbar und daher mit besonderer Vorsicht zu handhaben. Er soll es ermöglichen, daß die Exekutive ihre wichtigen und dringlichen laufenden Geschäfte auch insoweit erfüllen kann,

---

[1] Mitgeteilt vom Pressereferenten bei dem Präsidenten des Bundesrechnungshofes in Frankfurt am Main.

als es sich weder um gesetzlich beschlossene Maßnahmen noch um die Erfüllung rechtlich begründeter Verpflichtungen noch um Bau- oder Beschaffungsvorhaben handelt, die mit Billigung des Parlaments bereits eingeleitet worden sind.

b) Ob diese Voraussetzung vorliegt, ist Tatfrage. Dispositiv und Erläuterungen werden hierfür einen Anhaltspunkt liefern. Soweit diese die Vorhaben nicht hinreichend konkret umschreiben, wird auf dem Parlament zugänglich gemachte Wirtschaftspläne, Richtlinien oder sonstige ergänzende Berichte zurückzugreifen sein. Den Maßstab muß bilden, daß es sich um eine gegenständlich eingeschränkte Fortführung der Staatsgeschäfte handelt. Die beabsichtigten Ausgaben für die Maßnahme dürfen nicht durch Inhaltsänderung die von dem Parlament in den Vorjahren gebilligten Grenzen überschreiten.

c) Bei Zuwendungen (im Rahmen des Begriffs „Beihilfe") ist zwischen institutioneller Förderung und Projektförderung zu unterscheiden.

Die Weitergewährung institutioneller Förderung ist zulässig. Sie umfaßt jedoch nur die notwendige Ausstattung mit Personal und Gerät im bisherigen Umfange.

Auf die Projektförderung ist Buchst. b) entsprechend anzuwenden.

III. Art. 112 GG ist auch im Falle der vorläufigen Haushaltsführung nach Art. 111 GG anwendbar. Dabei ist die Voraussetzung des „unvorhergesehenen und unabweisbaren Bedürfnisses" mit dem gleichen strengen Maßstab zu prüfen wie beim Vollzug eines Haushaltsplans.

Literaturverzeichnis

Im Text der Arbeit werden selbständige Publikationen regelmäßig nur mit dem Namen des Verfassers und der Seitenzahl zitiert. Soweit erforderlich, werden Kurztitel verwandt. Zeitschriftenaufsätze werden ohne Titelangabe mit dem Namen des Verfassers und nach der Fundstelle angeführt.

Achterberg, Norbert: Kriterien des Gesetzesbegriffs unter dem Grundgesetz, DÖV 1973, 289

Anschütz, Gerhard: Die Verfassung des Deutschen Reichs vom 11. August 1919, 14. Aufl., Berlin 1933 (unveränderter Nachdruck Bad Homburg vor der Höhe 1960)

Arndt, Adolf: Die Verfassungs-Urkunde für den Preußischen Staat, 7. Aufl., Berlin 1911

— Verfassung des Deutschen Reichs vom 11. August 1919, Berlin und Leipzig 1919

Bilfinger, Carl B.: Der Streit um das Panzerschiff A und die Reichsverfassung, AöR 55 (1929) 416

Birkholz, Hans: Die rechtlichen Folgen des Nichtzustandekommens eines Budgets. Unter besonderer Berücksichtigung des Staatsrechts Preußens und des Deutschen Reiches, Diss. Breslau 1908

Bischofswerder, Franz: Die Staatsverwaltung bei Nichtzustandekommen des Etatsgesetzes nach preußisch-deutschem Staatsrecht. Darstellung und kritische Untersuchung der aufgestellten Theorien, Diss. Erlangen, Borna-Leipzig 1913

Böckenförde, Ernst-Wolfgang: Die Organisationsgewalt im Bereich der Regierung, Berlin 1964

Bonner Kommentar, Kommentar zum Bonner Grundgesetz, bearbeitet von *Abraham, Badura* u. a., Hamburg, Stand: März 1973

Brüser, Richard und Otto *Krüger:* Haushaltsrecht, 2. Aufl., Siegburg 1973

van Calker, Fritz: Grundzüge des Deutschen Staatsrechts. Vorlesungs-Grundriß, 2. Aufl., München 1928

Cronau, Günter: Der Haushaltsplan als Ermächtigungsgrundlage für die sozialgestaltende Verwaltung, Diss. Münster 1962

Därr, Manfred: Das Notbewilligungsrecht des Bundesministers der Finanzen nach Art. 112 GG im Schnittpunkt zwischen Demokratie und Effektivität, Frankfurt am Main 1973

von Doemming, Klaus-Berto, Rudolf Werner *Füsslein* und Werner *Matz:* Entstehungsgeschichte der Artikel des Grundgesetzes, JbÖffR NF 1 (1951)

Dreher, Eduard: Das parlamentarische System des Bonner Grundgesetzes im Vergleich zur Weimarer Verfassung, NJW 1950, 130

Egner, Erich: Der Haushalt. Eine Darstellung seiner volkswirtschaftlichen Gestalt, Berlin 1952

von Eppstein, Georg Freiherr und Conrad *Bornhak:* Bismarcks Staatsrecht. Die Stellungnahme des Fürsten Otto von Bismarck zu den wichtigsten Fragen des Deutschen und Preußischen Staatsrechts, 2. Aufl., Berlin 1923

Feuchte, Paul: Der Nothaushalt — ein Instrument der Politik?, AöR 97 (1972) 538

Flessa, Richard: Aktuelle Probleme des Haushaltsrechts, DÖV 1972, 415

Forsthoff, Ernst: Deutsche Verfassungsgeschichte der Neuzeit, 3. Aufl., Stuttgart 1967

Friauf, Karl Heinrich: Öffentlicher Haushalt und Wirtschaft, VVDStRL 27 (1969) 1

— Der Staatshaushaltsplan im Spannungsfeld zwischen Parlament und Regierung, Bd. 1, Bad Homburg-Berlin-Zürich 1968

Fricke, Eberhard: Der Vorgriff (§ 37 Abs. 6 BHO/LHO), DVBl. 1973, 846

Fricker, Carl Viktor: Die Natur der Steuerverwilligung und des Finanz-Gesetzes, ZStW 17 (1861) 636

Frömel, Roland: Der Haushaltsplan als gesetzliche Grundlage der Leistungsverwaltung, Diss. Freiburg 1968

— Der Haushaltsplan im Kräftefeld von Parlament und Regierung, DVBl. 1974, 65

Fuchs, Arthur: Wesen und Wirken der Kontrolle. Betrachtungen zum staatlichen Kontrollwesen in der Bundesrepublik (Bundesrechnungshof), Tübingen 1966

Füsslein, Rudolf Werner: siehe *von Doemming/Füsslein/Matz*

Gehrig, Norbert: Parlament — Regierung — Opposition. Dualismus als Voraussetzung für eine parlamentarische Kontrolle der Regierung, München 1969

Gerloff, Wilhelm: Die Finanzgewalt im Bundesstaat, Frankfurt 1948

Giese, Friedrich: Die Verfassung des Deutschen Reiches, 8. Aufl., Berlin 1931

— Grundriß des Reichsstaatsrechts, 4. Aufl., Bonn 1926

Giese, Friedrich und Egon *Schunck*: Grundgesetz für die Bundesrepublik Deutschland vom 23. Mai 1949, 8. Aufl., Frankfurt 1970

Giesen, Hans Adolf und Eberhard *Fricke*: Das Haushaltsrecht des Landes Nordrhein-Westfalen. Kommentar zur Landeshaushaltsordnung und zu den haushaltsrechtlichen Vorschriften der Landesverfassung, München 1972

Gneist, Rudolf: Gesetz und Budget. Constitutionelle Streitfragen aus der preußischen Ministerkrisis vom März 1878, Berlin 1879

Gotham, Rudolf: Der Umfang der Prüfungskompetenz der Rechnungshöfe, Diss. Hamburg 1969

Graf, Albert: Hat der Landtag des Landes Nordrhein-Westfalen oder einer seiner Ausschüsse das Recht, die Erläuterungen des Haushaltsplans (die rechte Seite des Etats) mit die Landesregierung bindender Wirkung zu ändern?, DVBl. 1965, 931

Haenel, Albert: Das Gesetz im formellen und materiellen Sinne, Leipzig 1888

Hahndorff, Eva: Das Budgetrecht in den Verhandlungen des Preußischen Landtags. Ein Beitrag zur preußischen Verfassungsgeschichte von 1848 bis 1866, Diss. Berlin 1931

Hamann, Andreas und Helmut *Lenz:* Das Grundgesetz für die Bundesrepublik Deutschland vom 23. Mai 1949, 3. Aufl., Neuwied und Berlin 1970

Hatschek, Julius: Deutsches und preußisches Staatsrecht, Bd. 1, Berlin 1922; Bd. 2, Berlin 1923

Heckel, Johannes: Budgetäre Ausgabeninitiative im Reichstag zugunsten eines Reichskultusfonds, AöR NF 12 (1927) 420

— Die Budgetverabschiedung, insbesondere die Rechte und Pflichten des Reichstags, HdbDStR, Bd. 2, Tübingen 1932, S. 392

— Die Entwicklung des parlamentarischen Budgetrechts und seiner Ergänzungen, HdbDStR, Bd. 2, Tübingen 1932, S. 358

— Die Haushaltsgesetze und „Finanzgesetze" der deutschen Länder, HdbDStR, Bd. 2, Tübingen 1932, S. 411

— Diktatur, Notverordnungsrecht, Verfassungsnotstand mit besonderer Rücksicht auf das Budgetrecht, AöR NF 22 (1932) 257

— Einrichtung und rechtliche Bedeutung des Reichshaushaltsgesetzes, HdbDStR, Bd. 2, Tübingen 1932, S. 374

von Heckel, Max: Das Budget, Leipzig 1898

Heinig, Kurt: Das Budget, 3 Bände, Tübingen, Bd. 1: 1949, Bd. 2: 1951, Bd. 3: 1951

Heller, Hermann: Der Begriff des Gesetzes in der Reichsverfassung, VVDStRL 4 (1928) 98

Henle, Wilhelm: Die Ordnung der Finanzen in der Bundesrepublik Deutschland, Berlin 1964

— Zum Notbewilligungsrecht des Finanzministers. Bemerkungen zum Urteil des Verfassungsgerichtshofs für das Land Nordrhein-Westfalen vom 3. 10. 1968, DÖV 1969, 59

Henrichs, Wilhelm: Art. 113 des Grundgesetzes. Stellung in der Verfassung, Zweck und Anwendbarkeit, Bonn 1958

— Artikel 113 des Grundgesetzes und verwandte Bestimmungen. Ein Versuch über das Verhältnis von Legislative und Exekutive bei der Finanzgesetzgebung, Diss. Bonn 1958

Herzog, Roman: Zwischenbilanz im Streit um die bundesstaatliche Ordnung, JuS 1967, 193

Hesse, Konrad: Grundzüge des Verfassungsrechts der Bundesrepublik Deutschland, 7. Aufl., Karlsruhe 1974

Hettlage, Karl M.: Die Finanzverfassung im Rahmen der Staatsverfassung, VVDStRL 14 (1956) 2

Hirsch, Joachim: Parlament und Verwaltung. 2. Teil. Haushaltsplanung und Haushaltskontrolle in der Bundesrepublik Deutschland, Stuttgart 1968

Hoffmann, Reinhard: Haushaltsvollzug und Parlament, Tübingen 1972

Huber, Ernst Rudolf: Deutsche Verfassungsgeschichte seit 1789, Bd. III: Bismarck und das Reich, Stuttgart 1963

— Verfassungsrecht des Großdeutschen Reiches, 2. Aufl., Hamburg 1939

Huber, Ernst Rudolf (Hrsg.): Dokumente zur Deutschen Verfassungsgeschichte, Bd. 2: Deutsche Verfassungsdokumente 1851—1918, Stuttgart 1964

Institut FSt. Brief 131: Die Haushaltspolitik der Bundesregierung und ihre Folgen, Bonn, im November 1972

Institut FSt. Brief 129: Zur Lage und Problematik der Haushaltswirtschaft der Bundesrepublik Deutschland im Spätsommer 1972, Bonn, im September 1972

Jellinek, Georg: Gesetz und Verordnung. Staatsrechtliche Untersuchung auf rechtsgeschichtlicher und rechtsvergleichender Grundlage, Freiburg i. B. 1887

Karehnke, Helmut: Das Nothaushaltsrecht der Bundesregierung gemäß Artikel 111 des Grundgesetzes. Eine Übersicht, DÖH 1971, 199

— Die Einschränkung des parlamentarischen Budgetrechts bei finanzwirksamen Gesetzen durch Artikel 113 des Grundgesetzes, DVBl. 1972, 811

— Zur Änderung des Artikels 115 des Grundgesetzes, DÖV 1973, 393

Kessler, Ignaz: Der Kommentar: Nach der Debatte, SBZ Nr. 142 vom 21./22. 6. 1973, S. 2

von Köckritz, Sieghardt: Aktuelle Probleme des Haushaltsrechts in der Praxis, DÖV 1971, 810

Köttgen, Arnold: Fondsverwaltung in der Bundesrepublik, Zur Rolle des Haushalts in einem Verwaltungsstaat, Stuttgart 1965

Kröger, Klaus: Zur Mitwirkung des Bundestages am Haushaltsvollzug, DÖV 1973, 439

Krüger-Spitta, Wolfgang und Horst *Bronk*: Einführung in das Haushaltsrecht und die Haushaltspolitik, Darmstadt 1973

Kühnemann, Max E. F.: Haushaltsrecht und Reichsetat, Berlin 1930

— Können Reichsetat und Reichskredite diktatorisch geregelt werden? Ein Beitrag zur Lehre vom Ausnahmezustand, RuPrVBl. 52 (1931) 745

Laband, Paul: Das Budgetrecht nach den Bestimmungen der Preussischen Verfassungs-Urkunde unter Berücksichtigung der Verfassung des Norddeutschen Bundes, Berlin-New York 1971 (unveränderter Nachdruck der 1. Aufl. aus dem Jahre 1871)

— Das Staatsrecht des Deutschen Reiches, 1. Aufl., Bd. 3, 2. Abtheilung, Freiburg i. B. und Tübingen 1882

— Das Staatsrecht des Deutschen Reiches, 5. Aufl., Bd. 4, Tübingen 1914

Lange, Klaus: Die Abhängigkeit der Ausgabenwirtschaft der Bundesregierung von der parlamentarischen Budgetbewilligung, Staat 11 (1972) 313

Larenz, Karl: Methodenlehre der Rechtswissenschaft, 2. Aufl., Berlin-Heidelberg-New York 1969

Leicht, Albert: Die Haushaltsreform, München 1970

Lichterfeld, Frank: Der Wandel der Haushaltsfunktionen von Bundeslegislative und Bundesexekutive. Ein Beitrag zum Verhältnis von Parlament und Regierung im Haushaltsbereich unter besonderer Berücksichtigung der Stellung und Funktion des Haushaltsausschusses des Deutschen Bundestages, Diss. Heidelberg 1969

von Mangoldt, Hermann: Das Bonner Grundgesetz, Berlin und Frankfurt 1953 *von Mangoldt*, Hermann und Friedrich *Klein:* Das Bonner Grundgesetz, 2. Aufl., Berlin und Frankfurt 1969

von Martitz, Ferdinand: Ueber den constitutionellen Begriff des Gesetzes nach deutschem Staatsrecht, ZStW 36 (1880) 207

Maunz, Theodor: Das Haushaltsrecht ist kein leerer Formalismus. Die Bundesregierung muß den Etat-Entwurf einbringen, FAZ Nr. 212 vom 13. 9. 1972, S. 2

— Die Finanzverfassung im Rahmen der Staatsverfassung, VVDStRL 14 (1956) 37

Maunz, Theodor, Günter *Dürig* und Roman *Herzog:* Grundgesetz, Kommentar, München, Stand 1973

Meissner, Otto: Das neue Staatsrecht des Reiches und seiner Länder, Berlin 1921

Meister, Michael: Das deutsche und englische Budget, München 1933

Merk, Wilhelm: Diskussionsbeitrag zu: Kabinettsfrage und Gesetzgebungsnotstand nach dem Bonner Grundgesetz, VVDStRL 8 (1950) 60

Meyer, Georg und Gerhard *Anschütz:* Lehrbuch des Deutschen Staatsrechts, 7. Aufl., München und Leipzig 1919

Möller, Alex (Hrsg.): Gesetz zur Förderung der Stabilität und des Wachstums der Wirtschaft und Art. 109 Grundgesetz, Kommentar, 2. Aufl., Hannover 1969

Neumark, Fritz: Der Reichshaushaltsplan. Ein Beitrag zur Lehre vom öffentlichen Haushalt, Jena 1929

— Theorie und Praxis der Budgetgestaltung, HdbFW, Bd. 1 (hrsg. v. Gerloff und Neumark), 2. Aufl., Tübingen 1952, S. 554 ff.

Papier, Hans-Jürgen: Die finanzrechtlichen Gesetzesvorbehalte und das grundgesetzliche Demokratieprinzip. Zugleich ein Beitrag zur Lehre von den Rechtsformen der Grundrechtseingriffe, Berlin 1973

Pelny, Stefan E.: Die legislative Finanzkontrolle in der Bundesrepublik Deutschland und in den Vereinigten Staaten von Amerika, Berlin 1972

Pestalozza, Christian: Der Garantiegehalt der Kompetenznorm. Erläutert am Beispiel der Art. 105 ff. GG, Staat 11 (1972) 161

Peucker, Herbert: Grundfragen neuzeitlicher Finanzkontrolle, Göttingen 1952

Piduch, Erwin Adolf: Bundeshaushaltsrecht, Kommentar, Stuttgart, Stand: September 1973

— Grundfragen der Finanzkontrolle, DÖV 1973, 228

Politische Akademie Eichholz (Hrsg.): Material zur Reform des Haushaltsrechts, Dezember 1970

Rahmann, Bernd: Grundlagen konjunkturbeeinflussender Haushaltspolitik. Ein Beitrag zu einer Theorie der Budgetwirkung, Berlin 1972

von Rönne, Ludwig: Das Staatsrecht der Preußischen Monarchie. Erster Band. Verfassungsrecht, 4. Aufl., Leipzig 1881

Rohr, Rudolf: Die Finanzplanung der öffentlichen Hand in staatsrechtlicher Sicht. Eine Analyse der Finanzplanungen von Bund, Kantonen und Gemeinden, Zürich 1972

Rürup, Bert: Die Programmfunktion des Bundeshaushaltsplanes. Die deutsche Haushaltsreform im Lichte der amerikanischen Erfahrungen mit dem Planning-Programming-Budgeting System, Berlin 1971

Rupp, Hans Heinrich: Grundfragen der heutigen Verwaltungsrechtslehre. Verwaltungsnorm und Verwaltungsrechtsverhältnis, Tübingen 1965

Ruthenberg, Otto: Verfassungsgesetze des Deutschen Reichs und der deutschen Länder nach dem Stande vom 1. Februar 1926, Berlin 1926

Sasse, Christoph: Haushaltsvollzug ohne Haushalt? Der Etatkonflikt des Jahres 1972, JZ 1973, 189

Schäfer, Hans: Aktuelle Fragen einer modernen Finanzkontrolle, Bulletin 1973, 1034

Scheyhing, Robert: Deutsche Verfassungsgeschichte der Neuzeit, Köln 1968

Schick, Walter: Haushaltsplan und Haushaltsgesetz vor Gericht, JZ 1967, 271

Schmidt, Karldieter: Die Rechtsfolgen einer verspäteten Feststellung des Bundeshaushaltsplans unter besonderer Berücksichtigung der sich aus Artikel 111 GG ergebenden Rechtslage, Diss. Münster 1965

Schmidt-Bleibtreu, Bruno und Franz *Klein*: Kommentar zum Grundgesetz für die Bundesrepublik Deutschland, 3. Aufl., Neuwied und Berlin 1973

Schmitt, Carl: Der Hüter der Verfassung, Tübingen 1931

Schneider, Hans: Kabinettsfrage und Gesetzgebungsnotstand nach dem Bonner Grundgesetz, VVDStRL 8 (1950) 21

von Schroeter, Otto: Das Recht der Haushaltsführung und Haushaltskontrolle in Preußen im 18. Jahrhundert, Leipzig 1938

Schumacher, Ulrich: Nationalbudget und öffentlicher Haushalt. Die Bedeutung des Nationalbudgets als Instrument einer volkswirtschaftlich orientierten Planung des Staatshaushalts, Stuttgart 1958

Schumann, Claus-Dieter: Rechtswirkungen des Haushaltsplans, Diss. Hamburg 1964

von Seydel, Max: Commentar zur Verfassungs-Urkunde für das Deutsche Reich, 2. Aufl., Freiburg i. B. und Leipzig 1897

Simon, Kurt: Beiträge zur Entstehung und Geschichte des Verfassungskonfliktes in Preussen. I. Teil: 1860—1862, Diss. Heidelberg 1908

Simon, Rolf: Gesetzgebungsnotstand und Notstandsgesetze, Diss. Münster 1963

Starck, Christian: Der Gesetzesbegriff des Grundgesetzes. Ein Beitrag zum juristischen Gesetzesbegriff, Baden-Baden 1970

Stern, Klaus, Paul *Münch* und Karl-Heinrich *Hansmeyer*: Gesetz zur Förderung der Stabilität und des Wachstums der Wirtschaft, 2. Aufl., Stuttgart 1972

Stier-Somlo, Fritz: Deutsches Reichs- und Landesstaatsrecht I, Berlin und Leipzig 1924

Strauß, Franz-Josef: Die Finanzverfassung, München-Wien 1969

Strickrodt, Georg: Das Nationalbudget. Seine Bedeutung für die politische Strategie und das unternehmerische Handeln, Berlin 1953

— Die Volkswirtschaftliche Gesamtrechnung in der Verfassungsordnung, Heidelberg 1957

Thoma, Richard: Der Vorbehalt der Legislative und das Prinzip der Gesetzmäßigkeit von Verwaltung und Rechtsprechung, HdbDStR, Bd. 2, Tübingen 1932, S. 221 ff.
— Grundbegriffe und Grundsätze, HdbDStR, Bd. 2, Tübingen 1932, S. 108 ff.
Trossmann, Hans: Parlamentsrecht und Praxis des Deutschen Bundestages, Bonn 1967
Vaubel, Dietrich: Die Vorausbewilligung von Staatsausgaben. Ein Beitrag zum Prinzip der Jährlichkeit im Staatshaushaltsrecht, Diss. Marburg 1968
Versteyl, Ludger Anselm: Wider den Grundsatz der Diskontinuität der Parlamente — Überlegungen unter besonderer Berücksichtigung des Haushaltsrechts, DVBl. 1973, 161
Vialon, Friedrich Karl: Haushaltsrecht, 2. Aufl., Berlin und Frankfurt a. M. 1959
— Das Haushaltsrecht der Bundesrepublik Deutschland, AöR 77 (1951/52) 19
Vogel, Klaus: Finanzverfassung und politisches Ermessen, Karlsruhe 1972
Voll, Ulrich: Der Rechtscharakter des Gemeindehaushaltsplanes, Diss. Münster 1972
Wacke, Gerhard: Das Finanzwesen der Bundesrepublik. Die Einwirkungen der Finanzfunktion auf Gesetzgebung, Verwaltung und Rechtsprechung im Bonner Grundgesetz, Beiheft Nr. 13 zur Deutschen Rechts-Zeitschrift, Tübingen 1950
Wagner, Heinz: Öffentlicher Haushalt und Wirtschaft, VVDStRL 27 (1969) 47
Wahl, Adalbert: Beiträge zur Geschichte der Konfliktszeit, Tübingen 1914
Wahl, Rainer: Der preußische Verfassungskonflikt und das konstitutionelle System des Kaiserreichs, in: Moderne deutsche Verfassungsgeschichte (1815—1918), hrsg. v. Ernst-Wolfgang Böckenförde, Köln 1972, S. 171 ff.
Wenzel, Max: Der Begriff des Gesetzes in der Reichsverfassung (Gesetz und Recht), VVDStRL 4 (1928) 136
Zorn, Philipp: Das Staatsrecht des Deutschen Reiches. Erster Band: Das Verfassungsrecht, 2. Aufl., Berlin 1895
Zunker, Albrecht: Finanzplanung und Bundeshaushalt. Zur Koordinierung und Kontrolle durch den Bundesfinanzminister, Frankfurt 1972

Printed by Libri Plureos GmbH
in Hamburg, Germany